Sommer Küche

VOLLER SONNE UND AROMA

Sommer Küche

VOLLER SONNE UND AROMA

TEXT & REZEPTE: TANJA DUSY
FOTOS: KLAUS-MARIA EINWANGER

7

Die Zeit steht still.
Im kühlen Schatten vom Süden träumen.
Herrlich, diese träge Sehnsucht
nach endlosem Sommer ...

Endlich wieder Sommer!

Darauf haben wir schon viel zu lange gewartet: das zaghafte Kitzeln der Sonnenstrahlen auf winterweißer Haut. Der erste Mohn am Wegesrand. Und schon bald endlos lange, unbeschwerte Tage im Freien. Kirschkerne-spucken, Beerenpflücken und Purzelbäume schlagen. Das Zirpen der Grillen und die absolute, träge Stille in größter Mittagshitze. Das flirrende Schattenspiel der Blätter und die wunderbar lauen Abende unter freiem Sternenhimmel – das ist Sommer, ein schier unbeschreibliches Gefühl.

Jeder von uns verbindet ganz eigene Assoziationen mit dieser Jahreszeit. Für mich bedeutet Sommer immer auch ein Stück Kindheitserinnerung. Zum Beispiel an den Steintisch, der bis heute unter dem alten Kirschbaum in unserem Garten steht. Dort im Schatten saßen wir gerne zur Kaffeezeit beisammen; meine Tante trug einen selbst gebackenen Obstkuchen auf, oder wir löffelten genüsslich Buttermilchkaltschale mit Beeren. Dann nach Sonnenuntergang, wenn es etwas kühler wurde, gab es meist eine große Schüssel voll frisch geerntetem Blattsalat oder eine Gemüsesuppe mit allem, was die Beete so hergaben. Fast das gesamte Obst und Gemüse stammte damals aus dem eigenen Garten. Meine Mutter und Großmutter säten, pflanzten und ernteten, was später auf den Tisch oder ins Einmach-glas kam. Das prägte nicht nur meinen Geschmack, sondern auch meine eigene Art zu kochen, meine Sommerküche.

Es ist eine Küche für alle Sinne, bei der tiefdunkel glänzende Auberginen und leuchtend rote Tomaten sowie andere herrlich farbenfrohe Gemüse, zuckersüße Früchte und duftende Kräuter ganz im Mittelpunkt stehen. Den Sommer auf der Zunge zu schmecken, das hat etwas fast Magisches: Das Glück der ersten Erdbeere, das unvergleichliche Knacken der frisch aus den Schoten gepulten Erbsen oder der wonnige Biss in den vor Saft triefenden Pfirsich. In allem scheint die ganze gebündelte Kraft von Licht und Wärme zu stecken.

Außer diesen wunderbaren Saisonprodukten braucht es kaum oder zumindest wenig mehr für die sommerliche Küche. In Verbindung mit kühlendem Joghurt, Quark oder Ziegenkäse, leichtem Fisch und Fleisch und natürlich dem unverzichtbaren Olivenöl entstehen daraus herrliche Gerichte: bekömmlich und erfrischend, dabei gleichzeitig umwerfend intensiv und voller Aroma.

Sommer. In dieser Jahreszeit zieht es mich fast von selbst in die Küche. Und sei es nur, um eben schnell Gemüse für einen Salat zu schnibbeln oder eine Milch mit gerade gepflückten Beeren aufzumixen. Auch erscheint es jetzt so einfach und selbstverständlich, sich gesund und vitaminreich zu ernähren. Genau so, wie es unsere Nachbarn im sonnigen Süden seit Generationen zu tun pflegen. Auf zahlreichen Reisen, vor allem nach Frankreich und Italien, ließ ich mich von den Landesküchen inspirieren, und zu meiner Rezeptsammlung sind inzwischen viele neue Lieblingsgerichte dazugekommen. Dort, wo der Sommer ständiger Gast ist, versteht man sich perfekt auf das schlichte Zusammenstellen weniger, dafür bester Zutaten, die gegenseitig ihren ganz eigenen, besonderen Geschmack heben und verstärken. Satt im Geschmack und voller Harmonie sind dann die Ergebnisse auf dem Teller. Dieses Gespür für Farben, Düfte und Aromen ständig weiterzuentwickeln ist Ziel meiner Sommerküche.

Jeden Moment und jede Facette des Sommers auskosten – das möchte ich wortwörtlich mit meinen Rezepten in diesem Buch. Eine bunte Folge von Gerichten, die den Verlauf des Sommers nachzeichnen und begleiten: Gemüsegerichte, die vom ersten zarten Grün bis hin zur Überfülle der Gärten im Hochsommer künden; Picknicktaugliches für lange Tage draußen und alles für das abendliche Lampionfest mit Freunden; Erfrischendes für herrlich träge Hundstage; Sehnsuchtsgerichte, die nach Sonne, Meer und Süden schmecken; und einige Ideen für Eingemachtes, das den Sommer bis in den Winter hinein lebendig hält. Mit all diesen Rezepten lade ich Sie ein, diese besondere und einmalige Zeit intensiv zu genießen und zu feiern, tagtäglich, alleine oder mit Ihren Freunden – und möglichst mehr als einen Sommer lang!

Strahlend blauer Himmel.
Eine Handvoll wonnig süßer Früchte.
Kein Wölkchen weit und breit.
Schlichtes Sommerglück, das ewig bleibt.

Es grünt so grün

Kleine Ziegenkäse
mit Tomaten-Bohnenkraut-Haube

ZUTATEN für 2 Stück:
100 g getrocknete Tomaten
   (in Öl eingelegt)
1 Knoblauchzehe
6 Walnusskerne
4 Stängel Bohnenkraut
Salz | Pfeffer
Chilipulver
2 runde Ziegenfrischkäse
   (je ca. 125 g)

ZUBEREITUNGSZEIT: 15 Min.
MARINIERZEIT: über Nacht
PRO STÜCK: ca. 490 kcal

1 Die Tomaten aus dem Öl heben, kurz abtropfen lassen und grob hacken. Den Knoblauch schälen und grob schneiden, die Walnüsse grob hacken. Knoblauch und Nüsse mit den Tomaten und 1 EL Tomatenöl im Blitzhacker nicht zu fein zerkleinern.

2 Das Bohnenkraut waschen und trocken schütteln, Blättchen von den Stängeln zupfen, fein hacken und unter die Tomatenmasse rühren. Mit Salz, Pfeffer und Chilipulver abschmecken.

3 Zwei Schälchen mit Frischhaltefolie auslegen und die Tomatenmasse darin verteilen. Die Ziegenkäse darauflegen und leicht andrücken, die Folie über dem Käse gut zusammendrehen und den Käse am besten über Nacht durchziehen lassen. Zum Servieren Folie entfernen und den Käse mit der Tomatenhaube nach oben auf einem Teller anrichten.

VARIANTE – Ziegenkäse mit Blüten
Dafür braucht es lediglich rund geformte Ziegenfrischkäse und hübsche essbare Blüten von z. B. Ringelblumen, Kapuzinerkresse, Veilchen, Lavendel und Borretsch oder aber einzelne Blütenblätter von Duftrosen oder Malven – natürlich alle ungespritzt –, dazu ein paar Minze- und Estragonblättchen. Die Blüten (mit dem Handballen leicht plattdrücken) oder Blütenblätter mit der schönen Seite nach oben mit einigen Kräuterblättchen auf dem Käse auslegen und leicht festdrücken. Dann eine Frischhaltefolie darüberlegen, den Käse damit vorsichtig wenden und die Folie unten zusammendrehen. So kann er im Kühlschrank auf seinen Einsatz warten.

TIPP – Ziegenkäse ganz einfach aufgepeppt
Dafür den Ziegenkäse nur an den Rändern in frisch gehackten Kräutern wie Schnittlauch oder Rosmarin oder aber in grob zerstoßenem rosa Pfeffer oder gemahlenem Schabzigerklee wälzen.

Ziegenkäse-Kräuter-Creme

1 Die Kräuter waschen und trocken schütteln. Den Schnittlauch in feine Röllchen schneiden, die Basilikumblättchen von den Stängeln zupfen und fein hacken.

2 Den Ziegenfrischkäse eventuell mit der Sahne cremig-glatt rühren, dann die Kräuter untermischen. Die Käsecreme mit Salz, Pfeffer, Paprikapulver und der Zitronenschale würzen.

3 Die Creme in ein Schälchen füllen und zu ofenfrischem Brot oder Salzcrackern reichen oder als Dip für Gemüse.

ZUTATEN für 4 Personen:
je 1/2 Bund Schnittlauch
   und Basilikum
250 g cremiger Ziegenfrischkäse
1–3 EL Sahne (nach Belieben)
Salz | Pfeffer
2–3 Prisen edelsüßes Paprikapulver
1 Msp. fein abgeriebene
   Bio-Zitronenschale

ZUBEREITUNGSZEIT: 10 Min.
PRO PORTION: ca. 200 kcal

Ziegenkäse mit Olivenhaube

1 Die Oliven grob schneiden. Die Orangeatwürfel noch feiner hacken, den Knoblauch schälen und grob hacken. Rosmarin waschen und trocken schütteln, die Blättchen vom Zweig zupfen und fein hacken – es braucht knapp 1 gestrichenen Teelöffel voll.

2 Alle vorbereiteten Zutaten mit dem Olivenöl und dem Zitronensaft mit dem Pürierstab nicht zu fein pürieren. Mit Salz und Pfeffer abschmecken.

3 Zwei Schälchen mit Frischhaltefolie auslegen und die Olivenmasse darin verteilen. Ziegenkäse darauflegen und leicht andrücken, die Folie über dem Käse gut zusammendrehen und den Käse möglichst über Nacht durchziehen lassen. Zum Servieren Folie entfernen und den Käse mit der Olivenhaube nach oben auf einem Teller anrichten.

ZUTATEN für 2 Stück:
100 g schwarze Oliven
   (ohne Stein)
2 TL Orangeatwürfel
1 Knoblauchzehe
1 kleiner Zweig Rosmarin
3–4 EL Olivenöl
1 EL Zitronensaft
Salz | Pfeffer
2 runde Ziegenfrischkäse
   (je ca. 125 g)

ZUBEREITUNGSZEIT: 15 Min.
MARINIERZEIT: über Nacht
PRO STÜCK: ca. 615 kcal

Kräuter-Blüten-Salat mit Ziegenkäse und Holundervinaigrette

ZUTATEN für 4 Personen:
150 g Wildkräutersalat
  (siehe Tipp)
8–12 Kapuzinerkresseblüten
einige Borretschblüten (nach
  Belieben)
1 EL Dijon-Senf
1 EL Holunderblütensirup
  (fertig gekauft oder selbst
  gemacht, siehe Seite 45)
2 EL Holunderblütenessig
  (siehe Seite 45, ersatzweise
  Weißweinessig)
Salz | Pfeffer
4 EL mildes Olivenöl
4 Scheiben Ziegenkäse
  (von der Rolle, je ca. 60 g)
4 dünne Scheiben Baguette
2 Zweige Thymian
2–3 TL flüssiger Honig

ZUBEREITUNGSZEIT: 25 Min.
PRO PORTION: ca. 230 kcal

1 Die Salatmischung verlesen, unschöne Blätter aussortieren. Salat vorsichtig waschen, trocken schleudern oder tupfen, große Blätter eventuell etwas kleiner zupfen. Die Blüten möglichst nur leicht abtupfen. Für die Vinaigrette den Senf mit Sirup, Essig und 2 EL Wasser verrühren, mit Salz und Pfeffer würzen, dann das Öl kräftig unterschlagen.

2 Den Grill des Backofens vorheizen. Den Ziegenkäse auf den Baguettescheiben verteilen. Den Thymian waschen und trocken schütteln, die Blättchen von den Zweigen zupfen, grob hacken und über den Käse streuen. Den Honig gleichmäßig darüberträufeln. Einen Backrost mit Backpapier belegen, die Brotscheiben daraufsetzen. In den Ofen (oben) schieben und die Brote unter dem Grill 3–4 Min. überbacken, bis der Käse goldbraun ist und ganz leicht zerläuft.

3 Den Wildkräutersalat mit der Vinaigrette mischen und den Salat locker auf Teller verteilen. Die Blüten darüberstreuen und je 1 Scheibe Brot in der Mitte des Salates platzieren.

TIPP – Wildkräuter ganz zahm
Wer sich nicht selbst auf die Suche nach wilden Kräutern in Wald und Wiese begeben möchte oder keinen Garten hat: Auf den Märkten werden oft fertige Wildkräutermischungen angeboten. Sie enthalten Löwenzahn, Brunnenkresse, Sauerampfer, Kerbel, Rucola, Brennesseln. Anstelle davon schmeckt auch eine andere Blattsalatmischung, etwa mit Rucola, jungen Mangoldblättern und mehr.

Kopfsalatsuppe
mit Radieschengrün

ZUTATEN für 4 Personen:
2 große Kopfsalate
1 großes Bund Radieschen
Salz
2 Schalotten
1 Knoblauchzehe
3 EL weiche Butter
3/4 l Gemüsebrühe
3–4 EL Zitronensaft
100 g Sahne
Pfeffer
frisch geriebene Muskatnuss
2 Prisen Zucker

ZUBEREITUNGSZEIT: 25 Min.
PRO PORTION: ca. 175 kcal

1 Den Salat in einzelne Blätter teilen, unschöne Stellen wegschneiden. Die Blätter waschen und in einem Sieb abtropfen lassen. Die Radieschenblätter abschneiden, verlesen, waschen und abtropfen lassen (die Radieschen für ein anderes Rezept verwenden, siehe unten). Reichlich Wasser in einem Topf zum Kochen bringen, salzen, Salatblätter hineingeben und 1–2 Min. kochen. Die Radieschenblätter dazugeben und ganz kurz mitkochen. Dann beides zusammen sofort in ein Sieb gießen, mit kaltem Wasser abbrausen (so behalten die Blätter ihre grüne Farbe) und abtropfen lassen.

2 Die Schalotten und den Knoblauch schälen und fein würfeln. In einem Topf 2 EL Butter erhitzen, darin Schalotten und Knoblauch andünsten. Die Brühe dazugießen und zugedeckt 5 Min. bei mittlerer Hitze kochen lassen.

3 Inzwischen die übrige Butter, 2 EL Zitronensaft und den Salat mit dem Pürierstab fein pürieren. Das Püree in die Brühe geben, eventuell nochmals durchpürieren. Die Sahne angießen, mit Salz, Pfeffer, Muskat, Zucker und restlichem Zitronensaft abschmecken. Die Suppe leicht erhitzen, dabei aber nicht mehr kochen lassen. Die Suppe schmeckt sowohl warm als auch kalt.

Lachscarpaccio
mit Radieschenvinaigrette

ZUTATEN für 4 Personen:
1 Bund Radieschen
1 Stück Salatgurke (ca. 120 g)
1 EL Sesamsamen
3 EL Weißweinessig
Salz | Zucker
500 g Graved Lachs (in Scheiben)
1/2 Bund Schnittlauch
1 TL Dijon-Senf
Pfeffer
3 EL mildes Olivenöl

ZUBEREITUNGSZEIT: 25 Min.
RUHEZEIT: 30 Min.
PRO PORTION: ca. 310 kcal

1 Die Radieschen waschen und putzen. Gurke schälen, längs halbieren und die Kerne herauskratzen. Gurke und Radieschen winzig klein würfeln. Den Sesam in einer Pfanne ohne Fett rösten, bis er duftet und leicht knistert, dann über die Gemüsewürfelchen geben. 2 EL Essig mit je 1/2 TL Salz und Zucker verrühren und untermengen. Gemüse mit einem Schälchen beschweren und ca. 30 Min. ruhen und Wasser ziehen lassen.

2 Den Lachs auf einer Platte auslegen. Den Schnittlauch waschen, trocken schütteln und in feine Röllchen schneiden. Den übrigen Essig mit dem Senf verrühren, salzen und pfeffern. Dann das Olivenöl unterschlagen, bis eine cremige Vinaigrette entstanden ist.

3 Gurken-Radieschen-Mischung in ein Sieb geben und kurz abtropfen lassen, dann mit der Vinaigrette und dem Schnittlauch mischen. Mit Salz, Pfeffer und 1 Prise Zucker abschmecken und auf dem Lachs verteilen.

Kartoffelsalat
mit dicken Bohnen und Rucola

ZUTATEN für 4 Personen:
2 kg dicke Bohnen (in der
  Hülse, gepalt ca. 500 g)
Salz
1 kg festkochende Kartoffeln
1 große rote Zwiebel
200 ml Gemüsebrühe
1 EL Senf
8 EL Weißweinessig
6 EL Olivenöl
Pfeffer
knapp 1 TL Zucker
1/2 Bund Petersilie
1 Bund Rucola
8 Scheiben Frühstücksspeck
  (Bacon)

ZUBEREITUNGSZEIT:
  1 Std. 20 Min.
PRO PORTION: ca. 795 kcal

1 Die dicken Bohnen aus den Hülsen lösen und in kochendem Salzwasser 3–4 Min. garen. In ein Sieb gießen und mit kaltem Wasser abbrausen. Die zarten Bohnenkerne aus den dicken Häuten drücken und beiseitestellen.

2 Die Kartoffeln in einem Topf gerade mit Wasser bedeckt zum Kochen bringen. Sobald das Wasser kocht, salzen und die Kartoffeln zugedeckt ca. 20 Min. garen (sie sollten gar, aber noch nicht weich sein, zum Testen mit einem spitzen Messer einstechen). Die gegarten Kartoffeln abgießen und kurz auf den noch heißen Herd stellen und ausdampfen lassen. Dann sofort pellen, in Scheiben schneiden und mit den Bohnenkernen in eine Schüssel geben.

3 Die Zwiebel schälen und in feine Würfel schneiden. Die Gemüsebrühe mit Zwiebel, Senf, Essig und 3 EL Öl in einem kleinen Topf verrühren und ca. 2 Min. kochen lassen. Mit Salz, Pfeffer und Zucker würzen und über die Kartoffeln gießen, vorsichtig vermengen und den Salat ca. 15 Min. durchziehen lassen.

4 Inzwischen Petersilie und Rucola waschen, gut trocken schütteln und die Stängel wegschneiden. Petersilie und Rucola grob schneiden. Den Speck quer dritteln oder halbieren und in einer Pfanne bei mittlerer Hitze goldbraun ausbraten, auf Küchenpapier geben und abtropfen lassen.

5 Den Rucola und die Petersilie mit dem übrigen Öl unter den Kartoffelsalat heben, eventuell nochmals würzen und mit dem knusprigen Frühstücksspeck bestreuen.

Erbsencremesuppe mit Croûtons

1 Die Schalotten schälen und fein würfeln. Die Kartoffel ebenfalls schälen und in ca. 1 cm große Würfel schneiden. Estragon waschen und trocken schütteln, die Blättchen von den Stängeln zupfen und fein hacken.

2 Gut 1 EL Butter in einem großen Topf erhitzen, darin die Schalotten langsam andünsten. Die Erbsen dazugeben (die TK-Erbsen ruhig noch gefroren), kurz mitdünsten, dann den Wein und die Hälfte des Estragons dazugeben. Die Kartoffeln und die Brühe unterrühren und alles zugedeckt bei mittlerer Hitze ca. 15 Min. kochen lassen.

3 Die Sahne unter die Suppe rühren, mit Salz, Pfeffer und Muskat würzen, kurz weiterkochen lassen. Den Anisschnaps unterrühren und alles mit dem Pürierstab schaumig pürieren. Den Topf vom Herd nehmen und die Suppe etwas abkühlen lassen.

4 Inzwischen das Weißbrot ca. 1 cm groß würfeln, Knoblauch schälen. Übrige Butter bei mittlerer Hitze in einer kleinen beschichteten Pfanne schmelzen. Knoblauch dazupressen, Brotwürfel hineingeben und unter Rühren goldbraun rösten.

5 Die leicht abgekühlte Suppe auf Teller verteilen und die Croûtons mit dem übrigen Estragon darüberstreuen. Wer möchte, gibt davor noch den cremig-glatt gerührten Joghurt in die Suppe (das verleiht ihr eine zusätzliche leichte Säure).

ZUTATEN für 4 Personen:
3 Schalotten
1 mehligkochende Kartoffel
  (ca. 200 g)
1–2 Stängel Estragon
4 EL Butter
600 g ausgepalte frische Erbsen
  (ersatzweise TK-Erbsen)
80 ml Weißwein (ersatzweise
  Brühe)
900 ml Hühner- oder Gemüsebrühe
100 g Sahne
Salz
weißer Pfeffer
frisch geriebene Muskatnuss
2 EL Anisschnaps (z. B. Pernod)
3 Scheiben Weißbrot
1/2 Knoblauchzehe
4 EL Sahne-Naturjoghurt
  (nach Belieben)

ZUBEREITUNGSZEIT: 30 Min.
PRO PORTION: ca. 400 kcal

VARIANTE – kalte Erbsensuppe
Leicht abgewandelt schmeckt das Erbsensüppchen nicht nur lauwarm, sondern auch gut gekühlt. Dazu den Estragon weglassen und stattdessen die fein geschnittenen Blättchen von 3 Stängeln Minze verwenden – die allerdings nicht mitkochen, sondern nur mit dem Anisschnaps unter die Suppe rühren und dann alles pürieren. Vor dem Servieren die Suppe noch ein paar Stunden in den Kühlschrank stellen. Sie schmeckt auch mit etwas geräuchertem Forellenfilet oder in Streifen geschnittenem Roastbeefaufschnitt als Einlage.

Kartoffelküchlein
mit Erbsen und Koriandergrün

ZUTATEN für 8 Stück:
600 g mehligkochende
  Kartoffeln
Salz
3 Frühlingszwiebeln
100 g ausgepalte frische Erbsen
  (ersatzweise TK-Erbsen)
5–6 EL Hühner- oder Gemüsebrühe
Pfeffer
frisch geriebene Muskatnuss
1/2 Bund Koriandergrün
1 Eigelb (M)
1/2 TL edelsüßes Paprikapulver
Butterschmalz zum Braten

ZUBEREITUNGSZEIT: 50 Min.
PRO STÜCK: ca. 75 kcal

1 Die Kartoffeln waschen und ungeschält in kochendem Salzwasser ca. 15 Min. garen – sie sollten noch etwas fest und nicht völlig durchgekocht sein. Abgießen, kurz ausdampfen lassen, pellen und abkühlen lassen.

2 Inzwischen die Frühlingszwiebeln waschen und putzen, den weißen Teil längs vierteln und in kleine Stücke oder Würfel schneiden, den grünen Teil in dünne Ringe. In einer beschichteten Pfanne 1 EL Butterschmalz erhitzen und darin die weißen Zwiebelteile andünsten. Erbsen (TK-Erbsen ruhig noch gefroren) zugeben und 1–2 Min. mitdünsten. Die Brühe dazugießen, mit Salz, Pfeffer und Muskat würzen und die Erbsen 3–5 Min. bei geringer Hitze zugedeckt garen, dabei darauf achten, dass die Flüssigkeit verdunstet, ohne dass die Erbsen anbrennen. Vom Herd nehmen und die Erbsen in eine Schüssel geben, die Pfanne auswischen.

3 Koriandergrün waschen, gut trocken schütteln und mit den Stängeln fein hacken. Die abgekühlten Kartoffeln auf der Küchenreibe grob raspeln und zu den Erbsen geben. Eigelb, Koriander und die grünen Zwiebelringe untermengen, mit Paprikapulver, Salz und Pfeffer kräftig abschmecken.

4 Aus der Kartoffelmasse 8 flache Küchlein formen. Reichlich Butterschmalz in der Pfanne erhitzen. Darin die Kartoffelküchlein beidseitig in jeweils 4–5 Min. bei mittlerer Hitze goldbraun braten.

DAZU PASST – ein frischer Tomaten-Joghurt-Dip
Wie die Kartoffelküchlein wird der Dip mit reichlich Koriander zubereitet. Dazu 1 Fleischtomate waschen, vom Stielansatz befreien, klein würfeln und in einem feinen Sieb kurz abtropfen lassen. 1/2 Knoblauchzehe schälen und durch die Presse drücken, mit 150 g Naturjoghurt verrühren. Die Tomaten und 2–3 EL fein gehacktes Koriandergrün unterheben und alles mit Salz, Pfeffer und 1/2 TL gemahlenem Kreuzkümmel würzen.

Gefüllte Zucchiniblüten mit Ricotta und Parmesan

ZUTATEN für 4 Personen:
12 Zucchiniblüten
3–4 EL Olivenöl
2 kleine Zucchini
2 Schalotten
8 Stängel Petersilie
2 Eier (M)
200 g Ricotta
50 g frisch geriebener Parmesan
Salz | Pfeffer
frisch geriebene Muskatnuss

ZUBEREITUNGSZEIT: 50 Min.
PRO PORTION: ca. 285 kcal

1 Die Zucchiniblüten vorsichtig waschen und trocken tupfen, etwas aufbiegen und die Blütenstempel herausschneiden oder herausdrehen. Den Backofen auf 180° vorheizen (Ober- und Unterhitze nehmen, Umluft ist hier nicht empfehlenswert). Eine flache, ofenfeste Form mit etwas Olivenöl auspinseln.

2 Die Zucchini waschen, putzen und auf der Küchenreibe grob raspeln. Die Schalotten schälen und fein würfeln. 2 EL Öl in einer Pfanne erhitzen, darin die Schalotten andünsten. Dann die Zucchiniraspel dazugeben und bei geringer Hitze ca. 10 Min. dünsten, dabei ab und zu umrühren, sodass die Flüssigkeit verdunstet, die Zucchini aber nur leicht bräunen. In eine Schüssel geben und abkühlen lassen.

3 Die Petersilie waschen und trocken schütteln, die Blättchen von den Stängeln zupfen und fein hacken. Eier und Ricotta zu den Zucchiraspeln geben und alles gründlich verrühren. Petersilie und Parmesan unterheben und mit Salz, Pfeffer und Muskat würzen. Die Ricotta-Zucchini-Masse anschließend mit einem Teelöffel behutsam in die Blüten füllen, die Blütenspitzen vorsichtig zusammendrehen.

4 Die Blüten in die Form legen und mit dem übrigen Öl beträufeln oder bepinseln, dann im Ofen (Mitte) ca. 20 Min. garen, bis die Blüten leicht bräunen. Die Zucchiniblüten solo als kleines Gericht oder als Vorspeise servieren. Wer will, reicht dazu eine Tomatensauce (siehe Seite 181) oder richtet die Blüten auf einem Zucchinigemüse an (siehe Seite 178, ohne den Schafkäse zubereiten).

Buntes Gemüse mit Pesto

ZUTATEN für 4 Personen:

Für das Pesto:
3 EL Pinienkerne
70 g Parmesan (am Stück)
2–3 Bund Basilikum (ca. 100 g)
2 Knoblauchzehen
120 ml Olivenöl
Salz | Pfeffer

Für das Gemüse:
400 g kleine, junge Kartoffeln
Salz
8 kleine, junge Möhren
2 Kohlrabi
250 g grüner Spargel
150 g Zuckerschoten
3 EL Butter
Pfeffer
frisch geriebene Muskatnuss

ZUBEREITUNGSZEIT: 1 Std.
PRO PORTION: ca. 570 kcal

1 Für das Pesto die Pinienkerne bei mittlerer Hitze in einer Pfanne ohne Öl hellbraun rösten, herausnehmen und auf Küchenpapier abkühlen lassen. Inzwischen den Parmesan auf einer Küchenreibe fein reiben. Das Basilikum waschen und mit einem Geschirrtuch trocken tupfen, die Blättchen von den Stängeln zupfen und grob schneiden. Den Knoblauch schälen und ebenfalls grob schneiden. Basilikum, Knoblauch, Pinienkerne und das Öl mit dem Pürierstab oder im Blitzhacker nicht zu fein pürieren. Anschließend den Käse untermischen und das Pesto mit Salz und Pfeffer abschmecken.

2 Für das Gemüse die Kartoffeln unter fließendem Wasser gut sauber bürsten, dann in kochendem Salzwasser 15–20 Min. garen. Abgießen und kurz ausdampfen lassen, dann pellen und eventuell halbieren.

3 Zwischendurch die Möhren schälen oder die Haut mit einem kleinen Messer grob abschaben. Den Kohlrabi schälen und in 16 Spalten schneiden. Den Spargel waschen und die holzigen Enden wegschneiden, die Stangen einmal quer halbieren. Zuckerschoten waschen und die Enden abknipsen. Wasser in einem großen Topf zum Kochen bringen und salzen. Darin nacheinander das Gemüse in 1–3 Min. bissfest garen (die Zuckerschoten höchstens 1 Min.), herausheben und sofort in Eiswasser abschrecken, abtropfen lassen und trocken tupfen.

4 Die Butter in einer Pfanne oder im Wok schmelzen. Das Gemüse und die Kartoffeln hineingeben und bei mittlerer Hitze 2–3 Min. in der Butter schwenken, nicht braten. Mit Salz, Pfeffer und Muskat würzen und mit dem Pesto zum Beträufeln servieren.

IMMER PASSEND – ein Glas Pesto
Bei Pesto lohnt es sich stets gleich ein wenig mehr zu machen (wie auch in diesem Rezept – die Menge ist reichlich bemessen). Das übrige Pesto einfach in ein sauberes Schraubglas füllen und ca. 1 cm dick mit Olivenöl begießen. So hält es sich verschlossen im Kühlschrank 2–3 Wochen. Es schmeckt klassisch unter Nudeln gemischt, als Dip, eventuell mit Quark oder Frischkäse verrührt, oder auch einmal als aromatische Sauce zu gegrilltem Fisch oder Fleisch.

Sonnenstrahlen kitzeln auf der Haut und Schmetterlinge tanzen auf der grünen Wiese – endlich wieder Sommerzeit!

Leichte Omeletterolle
mit Spinat

ZUTATEN für 4 Personen:
1 kg Blattspinat
Salz
3 Schalotten
1 Knoblauchzehe
50 g Butter
Pfeffer
frisch geriebene Muskatnuss
6 Eier (M)
1/2 TL edelsüßes Paprikapulver
80 g frisch geriebener Parmesan
1–2 EL Sonnenblumenöl

ZUBEREITUNGSZEIT: 40 Min.
PRO PORTION: ca. 385 kcal

1   Den Spinat putzen, verlesen und in reichlich kaltem Wasser gründlich waschen. Einen großen Topf mit Salzwasser zum Kochen bringen, Spinat hineingeben und 1–2 Min. darin blanchieren. Dann in ein Sieb abgießen und den Spinat mit eiskaltem Wasser abbrausen. Abtropfen lassen und mit den Händen so viel Wasser wie möglich herauspressen. Spinat grob hacken.

2   Die Schalotten und den Knoblauch schälen und fein würfeln. Die Butter in einem Topf bei mittlerer Hitze schmelzen, darin die Schalotten und den Knoblauch goldgelb andünsten. Den Spinat untermischen, mit Salz, Pfeffer und Muskat würzen. Vom Herd nehmen und abkühlen lassen.

3   Inzwischen Backofen auf 180° (Umluft 160°) vorheizen. 2 Eier trennen, die Eiweiße mit 1 Prise Salz steif schlagen. Die Eigelbe gut mit den übrigen Eiern verquirlen, mit Salz, Pfeffer und Paprikapulver würzen. Eischnee und ca. 50 g Parmesan unter die Eiermasse heben.

4   Das Öl in einer großen beschichteten, ofenfesten Pfanne erhitzen. Die Eiermasse hineingeben und bei mittlerer Hitze in 3–5 Min. leicht stocken lassen – die Masse sollte oben noch nicht ganz fest sein. Die Pfanne vom Herd nehmen und den Spinat gleichmäßig auf dem Omelette verteilen, dann vorsichtig aufrollen, den restlichen Parmesan aufstreuen. Die Rolle im Ofen (Mitte) in ca. 10 Min. fertig garen. Zum Servieren in Scheiben schneiden und eventuell mit Tomatensauce (siehe Seite 181) oder einfach einem Salat dazu servieren.

Grüner Spargelrisotto mit Kräutern

ZUTATEN für 4 Personen:
500 g grüner Spargel
2 Schalotten
ca. 1,3 l Gemüsebrühe
50 g Butter
350 g Risottoreis
100 ml Weißwein (ersatzweise
   Gemüsebrühe)
200 g gemischte Kräuter
   (z. B. Kerbel, Sauerampfer,
   Petersilie, Dill, Basilikum)
1 Bio-Zitrone
2 EL Olivenöl
Salz | Pfeffer
60 g frisch geriebener Parmesan
frisch geriebene Muskatnuss

ZUBEREITUNGSZEIT: 40 Min.
PRO PORTION: ca. 540 kcal

1 Den Spargel waschen und die holzigen Enden wegschneiden, die Stangen schräg in ca. 1 cm breite Stücke schneiden, die Köpfe extra beiseitelegen. Die Schalotten schälen und fein würfeln. Gemüsebrühe aufkochen lassen und heiß halten.

2 Die Butter bei mittlerer Hitze in einem Topf schmelzen, Schalotten darin hellgelb andünsten. Den Reis dazugeben und unter Rühren in ca. 2 Min. glasig dünsten. Mit Wein ablöschen und die Flüssigkeit unter Rühren einkochen lassen. Sobald der Wein fast verdunstet ist, eine Schöpfkelle heiße Brühe dazugeben und unter häufigem Rühren wiederum einkochen lassen. So fortfahren, bis die gesamte Brühe aufgebraucht ist, der Reis bissfest ist und sich eine schöne cremige Konsistenz gebildet hat – das dauert rund 15–20 Min. Dabei ca. 10 Min. vor Ende der Garzeit noch die Spargelstücke (nicht die Köpfe!) unterrühren.

3 Inzwischen die Kräuter waschen und trocken schütteln, die Blättchen von den Stängeln zupfen und fein schneiden oder hacken. Die Zitrone heiß waschen und abtrocknen, ca. 2 Msp. Schale fein abreiben und die Zitrone dann in Spalten schneiden.

4 Das Öl in einer Pfanne erhitzen und darin die Spargelköpfe ca. 2 Min. bei mittlerer Hitze braten, salzen und pfeffern. Parmesan unter den fertigen Risotto rühren, mit Salz, Pfeffer, Muskat und der Zitronenschale würzen. Kurz vorm Servieren die Kräuter und die Spargelspitzen unterheben, dann den Risotto auf Teller verteilen. Die Zitronenspalten dazu servieren, sodass sich jeder nach Belieben etwas Saft über seinen Risotto träufeln kann.

Lammfilets
mit Minze-Petersilien-Sauce

ZUTATEN für 4 Personen:
1 Bund Minze
1/2 Bund Petersilie
1 Knoblauchzehe
1/2 Bio-Zitrone
250 g Kefir
3 EL Crème double
Salz | Pfeffer
1 Prise Chilipulver
800 g kleine, junge Möhren
1 Schalotte
3 EL Butter
1/8 l Gemüsebrühe
frisch gemahlene Muskatnuss
2 EL Olivenöl
750 g Lammfilets oder -lachse

ZUBEREITUNGSZEIT: 40 Min.
PRO PORTION: ca. 440 kcal

1 Die Kräuter waschen und trocken schütteln, Blättchen von den Stängeln zupfen und grob hacken. Knoblauch schälen und durch die Presse drücken. Die Zitrone heiß waschen und abtrocknen, ca. 2 Msp. Schale fein abreiben, den Saft auspressen.

2 Die Hälfte des Kefirs mit den Kräutern und dem Knoblauch mit dem Pürierstab pürieren, anschließend den übrigen Kefir und die Crème double unterrühren und alles schön glatt rühren. Die Zitronenschale und ca. 1 TL Zitronensaft unter die Sauce rühren, mit Salz, Pfeffer und Chilipulver abschmecken und kühl stellen.

3 Die Möhren schälen und ganz lassen. Die Schalotte schälen und fein würfeln. Die Hälfte der Butter in einem Topf schmelzen lassen. Darin die Schalotte andünsten, die Möhren dazugeben, kurz mitdünsten, salzen und pfeffern. Gemüsebrühe angießen und die Möhren zugedeckt ca. 8 Min. bei mittlerer Hitze garen. Mit ein paar Spritzern Zitronensaft und Muskat abschmecken und warm halten.

4 Das Öl in einer beschichteten Pfanne mit der übrigen Butter erhitzen. Darin das Lammfleisch rundherum bei mittlerer Hitze braun anbraten. Pfanne vom Herd nehmen und das Fleisch noch ca. 1 Min. in der Pfanne nachziehen lassen, dann salzen und pfeffern. Das Fleisch mit den Möhren anrichten, die Sauce dazugeben und sofort servieren. Dazu schmecken junge Kartoffeln oder auch mal nur ofenfrisches Baguette.

Knuspriges Kräuterhuhn aus dem Ofen

ZUTATEN für 4 Personen:
1 Hähnchen oder Poularde
   (ca. 1,6 kg)
50 g gemischte Kräuter (besonders empfehlenswert: Thymian,
   Petersilie und Basilikum sowie
   1 großer Stängel Melisse)
6 Stängel Petersilie
1 Knoblauchzehe
75 g weiche Butter
Salz | Pfeffer
1/2 TL edelsüßes Paprikapulver

ZUBEREITUNGSZEIT: 15 Min.
GARZEIT: 1 Std.
PRO PORTION: ca. 855 kcal

1 Den Backofen auf 200° vorheizen. Das Hähnchen oder die Poularde innen und außen waschen, dann gut trocken tupfen. Die Haut vorsichtig vom Fleisch lösen (aber nicht abtrennen), indem man mit den Fingern oder einem Kochlöffelstiel zwischen Haut und Fleisch entlang fährt.

2 Die gemischten Kräuter waschen und trocken schütteln, die Blättchen von den Stängeln zupfen und möglichst fein hacken. Petersilie waschen, trocken schütteln und ganz lassen. Den Knoblauch schälen und durch die Presse drücken. 50 g Butter in ein Schälchen geben, salzen, pfeffern und mit den gehackten Kräutern und dem Knoblauch mit einer Gabel gründlich vermengen. Die Kräuterbutter unter die Hähnchen- oder Poulardenhaut schieben und von außen durch leichtes Drücken und Massieren möglichst gleichmäßig verteilen – vor allem auf der Brust und den Keulen.

3 Das Hähnchen oder die Poularde innen salzen und pfeffern und die Petersilie in den Bauch stecken. Keulen und Flügel eventuell mit Küchengarn zusammenbinden. Restliche Butter in einem Töpfchen schmelzen, mit Salz, Pfeffer und Paprikapulver würzen, dann das Hähnchen oder die Poularde rundherum damit bestreichen, nochmals salzen und pfeffern.

4 Hähnchen oder Poularde mit der Brustseite nach oben auf einen Backrost legen und in den Ofen (Mitte, Umluft 180°) schieben, dabei ein Blech als Tropfschutz unter den Rost schieben. Das Huhn ca. 1 Std. garen, dabei eventuell ein- bis zweimal mit der übrigen Würzbutter oder Bratenflüssigkeit bestreichen.

5 Zum Prüfen, ob das Huhn gar ist, mit einem spitzen Messer am Keulenansatz ein wenig einstechen – ist der austretende Fleischsaft klar und nicht mehr trübe, ist das Huhn gar. Am besten schmeckt es frisch aus dem Ofen nur mit knusprigem Baguette und einem grünen Salat dazu. Bleibt etwas übrig, kommt es am nächsten Tag kalt auf einen üppigen Salat.

Holunderblüten-sirup

ZUTATEN für 2 Flaschen
  (je ca. 750 ml Inhalt):
1,2 kg Zucker
12–15 Holunderblütendolden
1 Bio-Zitrone (klein, mittel oder
  groß – je nachdem wie sauer
  man den Sirup mag)
30 g Zitronensäure (aus der
  Apotheke)

ZUBEREITUNGSZEIT: 20 Min.
RUHEZEIT: 3–5 Tage
PRO FLASCHE: ca. 2495 kcal

1 Den Zucker mit 1 1/2 l Wasser in einem großen Topf unter Rühren zum Kochen bringen. Dann den Topf vom Herd nehmen und den Sirup lauwarm abkühlen lassen – nie kochend heiß über die Blüten gießen, das zerstört den Geschmack.

2 Inzwischen die Holunderblüten gut säubern: eventuell kleine Insekten ablesen, vertrocknete Blüten und die langen Stiele abknipsen. Idealerweise die Blüten nicht waschen (deshalb möglichst auch nicht in Straßennähe pflücken), höchstens kurz in kaltem Wasser schwenken. Die Zitrone heiß waschen, trocken reiben und in dünne Scheiben schneiden.

3 Die Zitronenscheiben und die Holunderblüten locker in eine Schüssel schichten. Zitronensäure darüberstreuen und den lauwarm abgekühlten Zuckersirup darübergießen. Die Schüssel mit einem Teller oder mit Alufolie abdecken und die Blüten 3–5 Tage im Kühlschrank ziehen lassen.

4 Dann die Twist-off-Flaschen vorbereiten: am besten gut ausspülen und für ca. 5 Min. in den 90° warmen Ofen stellen. Ein großes Sieb mit einem sauberen Tuch (gut geeignet und preiswert: eine Baumwollwindel – gibt es im Bioladen) auslegen und in einen Topf hängen. Den Holundersirup durch das Sieb in den Topf gießen (die Blüten nach Belieben für Essig weiterverwenden – siehe unten). Sirup zum Kochen bringen und 5 Min. sprudelnd kochen lassen. Anschließend in die Flaschen füllen und sofort verschließen. Den Sirup am besten im Kühlschrank aufbewahren, er hält so ca. 4 Monate.

ZWEITVERWERTUNG – *Essig aus Holunderblüten*
Dafür die abgetropften Blüten des Sirups in ein großes, weites, verschließbares Glas geben. 5 frische Blütendolden säubern und mit 2 Nelken und ca. 3 cm aufgeschlitzter Vanilleschote dazugeben, mit 2 l Weißweinessig aufgießen. Glas verschließen und den Essig 2–3 Wochen an einem kühlen, dunklen Ort ziehen lassen. Den Essig dann wie oben beschrieben durch ein Tuch abgießen und in saubere Twist-off-Flaschen füllen. Holunderblütenessig schmeckt toll zu Blattsalat, speziell wenn er mit Blüten oder Früchten kombiniert wird (siehe Seite 19).

Knusprig frittierte Hollerküchle

ZUTATEN für 4 Personen:
12–15 Holunderblütendolden
   (schön aufgeblüht, mit langen
   Stängeln)
1 EL Butter
100 g Mehl
Salz
2 EL Zucker
150 ml lieblicher Weißwein
   (ersatzweise Wasser)
1 Ei (L)
Öl oder Fett zum Frittieren
Puderzucker zum Bestäuben

ZUBEREITUNGSZEIT: 35 Min.
QUELLZEIT: 30 Min.
PRO PORTION: ca. 250 kcal

1 Die Holunderblüten gut säubern: eventuell kleine Insekten ablesen und vertrocknete und welke Blüten abknipsen. Idealerweise die Blüten nicht waschen (deshalb möglichst auch nicht in Straßennähe pflücken), höchstens kurz in kaltem Wasser schwenken und trocken schütteln.

2 Die Butter in einem Töpfchen schmelzen. Das Mehl mit 1 Prise Salz und dem Zucker mischen. Den Wein und 50 ml Wasser dazugeben und mit dem Schneebesen alles gründlich verrühren. Ei trennen und das Eigelb ebenfalls unterrühren, anschließend die Butter unterschlagen und den Weinteig zugedeckt 30 Min. quellen lassen.

3 Dann das Eiweiß und 1 Prise Salz mit den Schneebesen des Handrührgeräts steif schlagen. Den Eischnee vorsichtig unter den gequollenen Teig heben. In einem weiten Topf reichlich Frittieröl oder -fett erhitzen (5–6 cm hoch) – es ist heiß genug, wenn an einem hölzernen Kochlöffelstiel, den man hineinhält, viele Bläschen aufsteigen.

4 Die Blütendolden nacheinander mit den Blüten nach unten in den Teig tauchen, sodass die Blüten vollständig mit Teig überzogen sind. Etwas abtropfen lassen und die Rispen leicht auseinander ziehen. So portionsweise in das Öl oder Fett geben und darin zügig knusprig braun frittieren. Die Küchle herausnehmen, auf Küchenpapier abtropfen lassen und mit reichlich Puderzucker bestreut servieren.

VARIANTE – *frittierte Erdbeeren oder Kirschen*
Dafür den Teig wie beschrieben zubereiten, allerdings ohne Zucker und nur mit 150 ml Flüssigkeit – er reicht für ca. 500 g Erdbeeren oder 400 g Süßkirschen (unbedingt mit Stiel kaufen!). Die Erdbeeren waschen, gut trocken tupfen, eventuell in etwas Puderzucker wälzen, dann durch den Teig ziehen und im heißen Öl oder Fett goldgelb frittieren. Die Kirschen waschen und gut trocken tupfen, dann je 4–5 Kirschen zu einem Sträußchen zusammenfassen und die Stielenden mit Küchengarn zusammenbinden. 2 Eiweiße (M) leicht verquirlen, Kirschen hindurchziehen und in Puderzucker wenden, überschüssigen Puderzucker abschütteln. Dann die Kirschsträußchen zum Frittieren im Teig wenden und goldgelb ausbacken.

Holunderblüten-Panna-Cotta

1 Die Holunderblüten gut säubern: eventuell kleine Insekten ablesen, vertrocknete Blüten und die langen Stiele abknipsen. Idealerweise die Blüten nicht waschen (deshalb möglichst auch nicht in Straßennähe pflücken), höchstens kurz in kaltem Wasser schwenken, dann trocken schütteln. Die Zitrone heiß waschen und trocken reiben, 3 Schalenstücke (je 2–3 cm) mit dem Sparschäler dünn abschälen (Zitrone dann anderweitig verwenden).

2 Die Sahne mit Zucker und Zitronenschale in einem weiten Topf unter Rühren erhitzen, bis sich der Zucker gelöst hat. Dann vom Herd nehmen und lauwarm abkühlen lassen. Die Dolden mit den Blüten nach unten in die Sahne setzen. Einen Deckel auf den Topf legen und alles über Nacht im Kühlschrank ziehen lassen.

3 Am nächsten Tag die Gelatine 5 Min. in kaltem Wasser einweichen. Die Blüten aus der Sahne entfernen, dabei leicht ausdrücken. Sahne im Topf langsam unter Rühren zum Kochen bringen, eventuell Likör unterrühren. Den Topf vom Herd nehmen und die Gelatine gründlich unter die Sahne rühren. Dann die Sahne durch ein feines Sieb in vier Portionsförmchen füllen. Kurz abkühlen lassen, Frischhaltefolie über die Förmchen spannen und die Sahne im Kühlschrank in ca. 4 Std. fest werden lassen.

4 Die Förmchen kurz in heißes Wasser tauchen, die Panna cotta am Rand mit einem Messer lösen und auf Teller stürzen. Dazu passen marinierte Erdbeeren (siehe unten) oder eine Fruchtsauce (siehe Seite 133).

ZUTATEN für 4 Personen:
5–6 Holunderblütendolden
1 Bio-Zitrone
500 g Sahne
50 g Zucker
4 Blatt weiße Gelatine
2 EL Orangenlikör (nach
  Belieben)

ZUBEREITUNGSZEIT: 25 Min.
KÜHLZEIT: über Nacht + 4 Std.
PRO PORTION: ca. 460 kcal

UND DAZU – marinierte Erdbeeren
Hierfür 500 g Erdbeeren waschen, trocken tupfen, putzen. Große Beeren in Stücke, kleine in Hälften oder Viertel schneiden. 2 (Saft-)Orangen auspressen. 3 EL Zucker in einem Topf hellbraun karamellisieren lassen. Den Orangensaft dazugießen und 1 Msp. Vanillemark dazugeben. Unter Rühren bei starker Hitze auf ein gutes Drittel einkochen. Nach Belieben noch 2 EL Orangenlikör unterrühren und abkühlen lassen. Anschließend die Beeren unter den Sirup mischen und 1 Std. zugedeckt im Kühlschrank marinieren lassen. Wer will, rührt kurz vor dem Anrichten in ganz feine Streifen geschnittene Zitronenmelisseblätter (von ca. 2–3 Stängeln) unter die Beeren.

Luftige Quarkkissen mit Erdbeeren

ZUTATEN für 6 Stück:
6 rechteckige TK-Blätterteig-
 platten (450 g)
3 EL Milch
50 g gehackte Haselnüsse
3 EL Hagelzucker
600 g Erdbeeren
4 Blatt rote Gelatine
250 g Magerquark
4 EL Puderzucker
200 g Sahne

ZUBEREITUNGSZEIT: 55 Min.
KÜHLZEIT: 2 Std.
PRO STÜCK: ca. 470 kcal

1 Den Backofen auf 200° (Umluft 180°) vorheizen. Die Blätterteigplatten nach Packungsanweisung nebeneinander auftauen lassen. Dann die Platten quer halbieren, auf ein mit Backpapier ausgelegtes Backblech legen und mit einer Gabel mehrmals einstechen. Die Hälfte der Platten dünn mit Milch bepinseln und mit Haselnüssen und Hagelzucker bestreuen. Das Blech in den Ofen (Mitte) schieben und den Blätterteig in 10–15 Min. goldbraun backen. Herausnehmen und auf einem Kuchengitter abkühlen lassen.

2 Inzwischen die Erdbeeren waschen, trocken tupfen und putzen. 150 g Erdbeeren abnehmen und mit dem Pürierstab fein pürieren, die übrigen Beeren kühl stellen. Die Gelatine ca. 5 Min. in kaltem Wasser einweichen. Den Quark mit dem Puderzucker glatt rühren.

3 Die Gelatine in einem Topf bei geringer Hitze auflösen, 2–3 EL Erdbeerpüree unterrühren, dann die Gelatine gründlich mit dem Quark und dem übrigen Erdbeerpüree verrühren. Im Kühlschrank kalt stellen, bis die Masse anfängt leicht zu gelieren, dabei gelegentlich umrühren. Dann die Sahne steif schlagen und unter die Quarkmasse heben. Die Masse ca. 2 Std. kühl stellen, bis sie fast fest ist.

4 Die restlichen Erdbeeren in nicht zu kleine Stücke schneiden. Die Quarkmasse in einen Spritzbeutel füllen und gut die Hälfte auf die sechs Blätterteigstücke ohne Nüsse spritzen. Erdbeeren daraufgeben, leicht eindrücken und noch ein wenig Quarkcreme daraufspritzen. Dann die bestreuten Teigplatten auflegen und die Kissen servieren.

BESONDERS HÜBSCH – süße Herzen
Wer sich etwas mehr Arbeit machen möchte, kann aus dem Blätterteig auch große Herzen ausstechen oder ausschneiden. Diese dann wie beschrieben mit Haselnüssen und Hagelzucker bestreuen, backen und mit der Quarkcreme und den Erdbeeren fullen.

Land partie

Oliven-Kräuter-Brotfladen

ZUTATEN für 2 Stück:
1/2 Würfel frische Hefe (ca. 20 g)
1/2 TL Zucker
450 g Mehl (Type 550)
150 g Mehl (Type 1050)
20 schwarze Oliven (ohne Stein, in Öl eingelegt)
8 getrocknete Tomaten (in Öl eingelegt)
1/2 Bund Thymian
1 Zweig Rosmarin
1 TL Salz
8 EL Olivenöl
2 TL Fleur de Sel (Meersalz, siehe Seite 101)
Olivenöl und Mehl zum Arbeiten

ZUBEREITUNGSZEIT: 35 Min.
RUHEZEIT: 4 Std.
BACKZEIT: 20–25 Min.
PRO STÜCK: ca. 1595 kcal

1 Die Hefe zerbröckeln und mit dem Zucker und 400 ml lauwarmem Wasser in einer großen Schüssel verrühren, bis sich die Hefe aufgelöst hat. Beide Mehlsorten mischen und die Hälfte davon mit der angerührten Hefe gut verrühren, bis ein glatter, weicher Brei entstanden ist. Mit einem feuchten Geschirrtuch abdecken und den Hefeansatz an einem warmen Ort ca. 2 Std. ruhen und gehen lassen, bis sich die Masse verdoppelt hat.

2 Oliven und Tomaten abtropfen lassen und klein schneiden. Die Kräuter waschen und trocken schütteln, Blätter abzupfen und fein hacken. Übriges Mehl und Salz mischen und mit 2 EL Olivenöl zum Hefeansatz geben. Erst mit dem Löffel verrühren, dann die Oliven, Tomaten und Kräuter zugeben und alles rasch mit den Händen zu einem weichen Teig kneten (dabei nicht zu lange kneten). Zu einer Kugel formen, mit etwas Olivenöl bestreichen und in eine eingeölte Schüssel geben. Wieder ein feuchtes Tuch darüberlegen und den Teig noch mal 1 Stunde gehen lassen.

3 Ein Backblech mit Öl einpinseln. Teig halbieren, zu zwei Kugeln formen und auf einer bemehlten Arbeitsfläche mit so wenig Druck wie möglich zu je einem Rechteck (ca. 15 x 20 cm) ausrollen. Die kurzen Seiten der Teigrechtecke jeweils zur Mitte klappen. Beide Fladen mit Abstand nebeneinander auf das Blech legen. Die Fladen mit den Fingern leicht ein- und auch etwas platt drücken, dann mit einem Messer viermal quer einschneiden.

4 In einem hohen Rührgefäß übriges Olivenöl mit 6 EL Wasser und Fleur de Sel mit dem Schneebesen kräftig verschlagen, bis die Flüssigkeit cremig ist. Die Teigfladen damit bestreichen. An einem warmen Ort (ideal: auf dem bereits leicht vorheizenden Backofen) 1 Std. gehen lassen, dabei noch zwei- bis viermal mit den Fingerkuppen leichte Dellen in den Teig drücken und eventuell mit herunter gelaufener Ölmischung bepinseln – so schlägt der Teig viele kleine Blasen und wird später richtig schön locker.

5 Backofen auf 220° (Umluft 200°) vorheizen. Die Fladen darin (Mitte) in 20–25 Min. goldbraun backen. Um zu prüfen, ob sie fertig sind, einen Laib anheben und am Boden klopfen – klingt es hohl, ist das Brot durchgebacken. Die Fladen schmecken lauwarm und kalt (auch prima: 1 Tag durchgezogen), solo oder fein belegt wie auf den Seiten 56 und 57 vorgeschlagen.

Brote mit Olivenomelette und eingelegten Paprikaschoten

ZUTATEN für 4 Stück:

6 Eier (M)
2 EL Sahne
Salz | Pfeffer
Chilipulver
3 Frühlingszwiebeln
je 4 grüne und schwarze Oliven
   (ohne Stein)
2 EL Olivenöl
8 Stängel Petersilie
1 Brotfladen (siehe Seite 55)
12 Paprikaviertel (in Öl eingelegt, siehe Seite 67, oder
   gekaufte aus dem Glas)

ZUBEREITUNGSZEIT: 25 Min.
PRO STÜCK: ca. 240 kcal

1 Die Eier mit der Sahne verquirlen und mit Salz, Pfeffer und Chilipulver würzen. Frühlingszwiebeln waschen, putzen und mit dem Grün in feine Ringe schneiden. Die Oliven ebenfalls in feine Ringe schneiden.

2 Das Öl in einer beschichteten Pfanne erhitzen. Eiermasse hineingießen, sofort mit Oliven und Frühlingszwiebeln bestreuen, dann zugedeckt bei mittlerer Hitze in 8–10 Min. stocken lassen. Das Omelette aus der Pfanne gleiten und abkühlen lassen.

3 Die Petersilie waschen und trocken schütteln, die Blättchen von den Stängeln zupfen und nur grob zerzupfen. Das Omelette in vier Stücke schneiden. Brotfladen vierteln und die Viertel horizontal durchschneiden.

4 Die Omlettestücke auf die unteren Fladenbrothälften legen und mit der Hälfte der Petersilie bestreuen. Die Paprikaviertel abtropfen lassen und auf dem Omelette verteilen, mit der übrigen Petersilie bestreuen. Die oberen Fladenhälften darauflegen und leicht andrücken.

EBENFALLS FEIN – *Brotvariationen*

Natürlich lässt sich der Brotfladen auch noch anders kreativ belegen: etwa mit Roastbeef (siehe Seite 68), Schafkäse und mariniertem Gemüse (siehe Seite 66/67 oder gekauftes Antipasti-Gemüse aus dem Glas) oder mit mariniertem Gemüse auf Kichererbsenmus oder Auberginendip (siehe Seite 63) – ergänzt durch frische Kräuter, Salatgurken-, Tomaten- oder Radieschenscheiben. Der Fantasie sind kaum Grenzen gesetzt!

TIPP – *picknicktaugliche Brote*

Wichtig für den Transport: die belegten Brote am besten fest in Frischhaltefolie oder in beschichtetes Pergamentpapier wickeln und kühl halten. Natürlich kann man die einzelnen Beläge auch separat in Vorratsdosen füllen und die Brote vor Ort nach Lust und Laune damit bestücken.

Brote mit Chorizo
und Koriandertomaten

ZUTATEN für 4 Stück:
4 Fleischtomaten
1 rote Zwiebel
8 Stängel Koriandergrün
Salz | Pfeffer
1 TL Aceto Balsamico
1 EL Olivenöl
100 g Chorizo (am Stück,
    spanische Paprikasalami)
1 Brotfladen (siehe Seite 55)
1 Rezept Kichererbsenmus
    (siehe Seite 63)

ZUBEREITUNGSZEIT: 20 Min.
PRO STÜCK: ca. 230 kcal

1 Die Tomaten waschen und in ca. 1 cm große Würfel schneiden, dabei die Stielansätze entfernen. Tomatenwürfel in ein Sieb geben und mit einem Löffel durchrühren und abtropfen lassen. Die Zwiebel schälen und in grobe Würfel schneiden. Das Koriandergrün waschen und trocken schütteln, die Blättchen von den Stängeln zupfen und grob hacken. Alles in einer Schüssel mischen, mit Salz, Pfeffer, Balsamico und Öl würzen.

2 Die Chorizo eventuell häuten und in kleine Würfel schneiden. Brotfladen vierteln, die Viertel horizontal durchschneiden und die unteren Hälften mit dem Kichererbsenmus bestreichen. Darauf die Koriandertomaten geben und die Wurststücke darüberstreuen. Die oberen Fladenbrothälften darauflegen und leicht andrücken.

Brote mit Schafkäse
und Tomaten

ZUTATEN für 4 Stück:
300 g Schafkäse (in Öl ein-
    gelegt, siehe Seite 62)
4 EL Sahnequark
5 milde Peperoni (in Salzlake
    oder Öl eingelegt)
1 TL Kapern
5 Stängel Oregano
Salz | Pfeffer
edelsüßes Paprikapulver
6 Tomaten
1 rote Zwiebel
1 Brotfladen (siehe Seite 55)

ZUBEREITUNGSZEIT: 20 Min.
PRO STÜCK: ca. 385 kcal

1 Den Schafkäse abtropfen lassen, mit einer Gabel nur grob zerdrücken und mit dem Quark mischen. Die Peperoni abtropfen lassen und in feine Ringe schneiden, die Kapern hacken. Den Oregano waschen und trocken schütteln, die Blättchen von den Stängeln zupfen und fein hacken. Alles vermischen und die Käsemasse mit Salz, Pfeffer und Paprikapulver würzen.

2 Die Tomaten waschen und quer in Scheiben schneiden, die Stielansätze dabei wegschneiden. Die Zwiebel schälen und in dünne Ringe schneiden. Die Brotfladen vierteln und die Viertel horizontal durchschneiden.

3 Die unteren Fladenbrothälften mit der Käsecreme bestreichen, darauf die Tomatenscheiben legen, salzen, pfeffern und einige Zwiebelringe daraufstreuen. Die oberen Fladenhälften darauflegen und leicht andrücken.

Eingelegter Schafkäse in Olivenöl

1 Den Schafkäse kalt waschen, mit Küchenpapier gut trocken tupfen und in ca. 2 cm große Würfel schneiden. Kräuter waschen, trocken schütteln und die Zweige in kürzere Stücke schneiden. Den Knoblauch schälen und vierteln. Das Lorbeerblatt eventuell halbieren.

2 Den Käse mit Kräutern, Knoblauch, Lorbeerblatt, Pfefferkörnern und Chilischoten bunt gemischt in ein ausreichend großes, gut verschließbares, sauberes Glas (ideal ist ein Bügelglas) schichten. Mit Olivenöl begießen und damit alle Zutaten völlig bedecken.

3 Das Glas verschließen und den Schafkäse mindestens 2 Tage durchziehen lassen. Im Kühlschrank hält er sich 3–4 Wochen, dabei sollte er aber immer gut mit Öl bedeckt sein.

VARIANTE – *eingelegter Ziegenkäse*
Ziegenkäseliebhaber freuen sich sicher über diese Variante, bei der kleine, etwas gereifte Ziegenkäse ins Öl kommen. Ideal sind dafür die aus Frankreich stammenden Crottin-Käse, die man als runde Bällchen oder auch als kurze Stäbchen kaufen kann. Wer möchte, gibt noch 5–6 Wacholderbeeren mit ins Olivenöl, ansonsten werden die Ziegenkäse genauso wie der Schafkäse eingelegt. Da man sie allerdings im Ganzen ins Glas füllt, sollten sie ruhig noch 2 Tage länger durchziehen.

ZUTATEN für 1 Glas
  (ca. 750 ml Inhalt):
400 g Schafkäse (Feta)
1 Zweig Rosmarin
2 Zweige Thymian
2 Knoblauchzehen
1 Lorbeerblatt
1/2 TL getrocknete grüne
  Pfefferkörner
1–2 getrocknete kleine
  Chilischoten
200 ml Olivenöl

ZUBEREITUNGSZEIT: 15 Min.
MARINIERZEIT: 2 Tage
PRO GLAS: ca. 2755 kcal

Kräutergrüner Auberginendip

1 Den Backofen auf 220° vorheizen (Ober- und Unterhitze nehmen, Umluft ist hier nicht empfehlenswert). Die Auberginen waschen, Stielansätze wegschneiden, Auberginen längs halbieren und die Schnittflächen mit je 1/2 TL Öl bestreichen. Den Knoblauch schälen und halbieren, eine Hälfte durchpressen und ebenfalls auf den Schnittflächen verteilen.

2 Auberginen mit den Schnittflächen nach unten auf ein Stück Alufolie legen und auf dem Backrost im Ofen (oben) ca. 30 Min. garen, bis das Fruchtfleisch richtig weich ist.

3 Auberginen aus dem Ofen nehmen und kurz abkühlen lassen. Währenddessen die Kräuter waschen und trocken schütteln, die Blättchen von den Stängeln zupfen und mit der übrigen Knoblauchhälfte grob schneiden. Das Auberginenfleisch mit einem Löffel aus den Schalen kratzen, dann mit der Kräuter-Knoblauch-Mischung und dem übrigen Öl mit dem Pürierstab fein pürieren. Mit Salz, Pfeffer, Chilipulver und Zitronensaft würzen.

ZUTATEN für 4 Personen:
2 Auberginen (je ca. 250 g)
4 EL Olivenöl
1 Knoblauchzehe
5 Stängel Petersilie
1 Stängel Basilikum
1 Stängel Minze
Salz | Pfeffer | Chilipulver
1 EL Zitronensaft

ZUBEREITUNGSZEIT: 15 Min.
GARZEIT: 30 Min.
PRO PORTION: ca. 110 kcal

Orientalisches Kichererbsenmus

1 Die Kichererbsen in ein Sieb gießen, mit kaltem Wasser abbrausen und abtropfen lassen. Den Knoblauch schälen und grob schneiden. Den Saft der Zitrone auspressen.

2 Vorbereitete Zutaten mit dem Olivenöl und den Gewürzen mischen und mit dem Pürierstab pürieren, dabei nach und nach 80–100 ml Wasser dazugeben, bis ein feines streichfähiges Mus entstanden ist. Eventuell nochmals mit Salz und Chilipulver abschmecken.

3 Vor dem Servieren das Koriandergrün waschen und trocken schütteln, die Blättchen von den Stängeln zupfen, grob hacken und über das Kichererbsenmus streuen.

ZUTATEN für 4 Personen:
1 kleine Dose Kichererbsen
   (Abtropfgewicht ca. 240 g)
1 Knoblauchzehe
1/2 Zitrone
5 EL Olivenöl
3/4 TL gemahlener Kreuzkümmel
1/4 TL Chilipulver
Salz
5 Stängel Koriandergrün

ZUBEREITUNGSZEIT: 15 Min.
PRO PORTION: ca. 300 kcal

Marinierte Zucchini mit Kapern

1 Die Zucchini waschen und die Enden wegschneiden. Die Zucchini längs halbieren, dann die Hälften quer in ca. 5 cm lange Stücke und diese längs in 2–3 gleich große Spalten schneiden. Knoblauch schälen und fein hacken.

2 Reichlich Öl in einer beschichteten Pfanne erhitzen. Darin die Hälfte der Zucchini mit der Hälfte des Knoblauchs unter Rühren bei starker Hitze braun anbraten, salzen, pfeffern, durchrühren, herausnehmen und beiseitestellen. Übrige Zucchini und restlichen Knoblauch genauso anbraten.

3 Die beiseitegestellten Zucchini wieder zu den übrigen zurück in die Pfanne geben. Mit der Hälfte des Essigs ablöschen, die Kapern dazugeben, durchrühren, nochmals kurz braten, dann vom Herd nehmen.

4 Die Petersilie waschen und trocken schütteln, die Blättchen von den Stängeln zupfen und fein hacken. Mit dem restlichen Essig unter die noch warmen Zucchini mischen, nochmals salzen und pfeffern. Abkühlen lassen und ca. 5 Std. zugedeckt marinieren lassen.

ZUTATEN für 6 Personen:
4 kleine Zucchini
1 Knoblauchzehe
Salz | Pfeffer
60 ml Weißweinessig
2 EL kleine Kapern
1/2 Bund Petersilie
Olivenöl zum Braten

ZUBEREITUNGSZEIT: 30 Min.
MARINIERZEIT: 5 Std.
PRO PORTION: ca. 40 kcal

FÜR DEN VORRAT – *Mariniertes gut serviert*
Die eingelegten Gemüse sind wunderbar als kleiner Imbiss oder leichtes Abendessen. Da sie sich einige Tage im Kühlschrank halten, kann man immer gleich ein paar mehr für den Vorrat machen und kühl stellen. Dann ist es aber wichtig, sie mindestens 1 Std. vorm Essen aus dem Kühlschrank zu nehmen, sodass sie auf alle Fälle zimmerwarm sind – nur so entfalten sie ihr volles Aroma. Einfach mit etwas ofenfrischem Weißbrot oder zu Mozzarella genießen oder aber etwas Parmesan darüberhobeln – mehr braucht es nicht …

Marinierte Paprikaschoten mit Majoran

1 Backofen auf 250° vorheizen (Ober- und Unterhitze nehmen, Umluft ist hier nicht empfehlenswert). Paprikaschoten vierteln, putzen und waschen. Die Viertel mit der Hautseite nach oben nebeneinander auf ein mit Backpapier ausgelegtes Blech legen und im Ofen (oben) 25–30 Min. garen, bis die Haut schwarze Blasen wirft. Inzwischen den Knoblauch schälen und möglichst fein hacken. Den Majoran waschen und trocken schütteln, die Blättchen von den Stängeln zupfen und grob hacken.

2 Paprika aus dem Ofen nehmen und unter einem feuchten Küchentuch nur so weit abkühlen lassen, dass man sie häuten kann. Dazu mit einem spitzen Messer die Haut möglichst vollständig abziehen. Die Paprika lagenweise in eine flache, verschließbare Plastikdose oder in ein Glas schichten. Auf jede Lage etwas Knoblauch, Majoran, Fleur de Sel und Pfeffer geben und etwas Öl darüberträufeln. Am Ende noch so viel Öl daraufgießen, dass die Schoten völlig bedeckt sind, dann mindestens 5 Std. durchziehen lassen. Verschlossen halten sich die Schoten gut 1 Woche im Kühlschrank.

ZUTATEN für 4–6 Personen:
je 3 dickfleischige rote und
   gelbe Paprikaschoten
1 große Knoblauchzehe
15 Stängel Majoran
Fleur de Sel (Meersalz,
   siehe Seite 101)
Pfeffer | Olivenöl zum Einlegen

ZUBEREITUNGSZEIT: 50 Min.
GARZEIT: 30 Min.
MARINIERZEIT: 5 Std.
PRO PORTION (bei 6 Personen):
   ca. 35 kcal

Marinierte Auberginen mit Peperoni

1 Auberginen waschen und putzen, quer halbieren und die Hälften längs halbieren. Die dünneren Viertel längs in zwei Spalten, die dickeren in drei Spalten schneiden (es ergeben sich so 30 etwa gleich große Spalten).

2 Den Backofen auf 220° (Umluft 200°) vorheizen. Auberginenspalten in einer Schüssel in reichlich Öl wenden, mit Fleur de Sel und Pfeffer würzen. Dann auf ein mit Backpapier ausgelegtes Blech legen und im Ofen (oben) in 15–20 Min. goldbraun und weich garen.

3 Inzwischen die Peperoni waschen, entstielen, längs halbieren, Samen und Trennwände herauskratzen, die Schote in Würfelchen schneiden. Den Knoblauch schälen und durch die Presse drücken. Kräuter waschen und trocken schütteln, die Blättchen von den Stängeln zupfen und grob hacken. Alles mit Zitronensaft, Fleur de Sel, Pfeffer, Zucker und Olivenöl mischen.

4 Die Auberginen aus dem Ofen nehmen, mit der Marinade beträufeln und gut durchmischen. Vor dem Essen mindestens 3 Std. abkühlen und marinieren lassen.

ZUTATEN für 6 Personen:
3 kleine Auberginen
Fleur de Sel (Meersalz,
   siehe Seite 101)
Pfeffer | 1 milde rote Peperoni
1 Knoblauchzehe
je 12 Stängel Oregano und
   Petersilie
3 EL Zitronensaft
1–2 Prisen Zucker | 4 EL Olivenöl
Olivenöl zum Wenden und Braten

ZUBEREITUNGSZEIT: 30 Min.
MARINIERZEIT: 3 Std.
PRO PORTION: ca. 100 kcal

Zartes Senf-Kräuter-Roastbeef

1 Den Backofen auf 240° vorheizen (Ober- und Unterhitze nehmen, Umluft ist hier nicht empfehlenswert). Vom Roastbeef die dicke Fettschicht und die zähen Sehnen wegschneiden.

2 Den Knoblauch schälen und durch die Presse in eine kleine Schüssel drücken. Die Kräuter waschen und trocken schütteln, Blättchen von den Stängeln zupfen und fein hacken. Die Kräuter mit dem Senf und der Butter in die Schüssel geben und alles mit einer Gabel gut vermengen. Das Fleisch rundum salzen und pfeffern, dann auf der oberen Seite (die mit der Fettschicht) mit der Senf-Kräuter-Paste bestreichen. Mit dieser Seite nach oben auf einen Backrost legen und in den Ofen (Mitte) schieben, ein tiefes Backblech gleich mit unter den Rost schieben, es tropft!

3 Roastbeef 15 Min. braten, dann die Ofentemperatur auf 180° herunterschalten und das Fleisch weitere 20–25 Min. garen. Dann am besten mit dem Bratenthermometer prüfen, ob das Roastbeef fertig ist: Bei Ende der Garzeit sollte die Kerntemperatur ca. 45° und die am Bratenrand ca. 100° betragen – dann ist das Fleisch schön rosa und medium gebraten. Wer kein Bratenthermometer hat, kann das Fleisch mit einem dünnen Holzspießchen einstechen: Tritt klarer Bratensaft aus, ist es auf jeden Fall gar, ist dieser noch sehr trüb oder gar blutig, noch ca. 5 Min. weiterbraten.

4 Das fertig gegarte Fleisch vor dem Aufschneiden in Alufolie wickeln und noch 10–15 Min. ruhen lassen, dann in dünne Scheiben aufschneiden. Es schmeckt warm und kalt gleichermaßen!

ZUTATEN für 4–6 Personen:
1,2 kg Roastbeef
2 Knoblauchzehen
5 Stängel Estragon
7 Zweige Thymian
2 Zweige Rosmarin
3 EL Dijon-Senf
2 EL weiche Butter
Salz | Pfeffer

ZUBEREITUNGSZEIT: 15 Min.
GARZEIT: 30–35 Min.
RUHEZEIT: 10–15 Min.
PRO PORTION (bei 6 Personen):
  ca. 300 kcal

FÜRS PICKNICK – kaltes Roastbeef mit Eier-Kräuter-Sauce
Zum kalt aufgeschnittenen Braten passt perfekt eine erfrischende Sauce: Dazu 3 hart gekochte Eier (M) halbieren, die Eigelbe herauslösen, mit einer Gabel zerdrücken und mit 1 1/2 EL Senf, 200 g Schmant und 250 g Naturjoghurt verrühren. Die Eiweiße fein würfeln und mit 1 Bund frisch gehackten Salatkräutern unterheben. Mit Salz, Pfeffer, edelsüßem Paprikapulver und 1 Spritzer Zitronensaft würzen. In ein Glas füllen, gut verschließen und dann beim Picknick zum Roastbeef genießen.

Bulgur-Kichererbsen-Salat mit Schafkäse

ZUTATEN für 4–6 Personen:
250 g Instant-Bulgur
Salz
1 kleine Dose Kichererbsen
  (Abtropfgewicht ca. 240 g)
60 g Pistazienkerne
1 große Salatgurke
1 Bund Frühlingszwiebeln
1 Bund Rucola
1/2 Bund Minze
1 Bund Petersilie
3 Stängel Estragon
100 g getrocknete Sauer-
  kirschen
1 Orange
1 1/2 Zitronen
8 EL Olivenöl
Pfeffer

ZUBEREITUNGSZEIT: 40 Min.
PRO PORTION (bei 6 Personen):
  ca. 450 kcal

1 In einem Topf 400 ml Wasser zum Kochen bringen, salzen. Den Bulgur einrühren und bei geringer Hitze ca. 5 Min. kochen lassen, dann vom Herd nehmen und noch ca. 10 Min. zugedeckt quellen lassen. In ein feines Sieb geben, mit einer Gabel auflockern und abkühlen lassen.

2 Inzwischen die Kichererbsen in ein Sieb gießen, mit kaltem Wasser abbrausen und abtropfen lassen. Die Pistazien in einer Pfanne ohne Fett bei mittlerer Hitze rösten, bis sie leicht bräunen und zu duften beginnen, dann herausnehmen und abkühlen lassen. Die Gurke schälen, längs vierteln und die Kerne mit einem Löffel herauskratzen. Gurkenviertel in kleine Stücke schneiden. Die Frühlingszwiebeln waschen, putzen und mit dem Grün in ca. 5 mm breite Ringe schneiden. Rucola und Kräuter waschen, gut trocken schütteln. Vom Rucola die groben Stiele wegschneiden, Kräuterblättchen von den Stängeln zupfen. Rucola, Minze und Petersilie grob, den Estragon fein hacken. Die Kirschen und Pistazien grob hacken.

3 Den Saft der Orange und der Zitronen auspressen. Orangensaft, 6 EL Zitronensaft und Öl mit dem Schneebesen zu einer leicht cremigen Sauce schlagen und kräftig mit Salz und Pfeffer würzen. Den abgekühlten Bulgur mit den übrigen vorbereiteten Zutaten und der Sauce mischen. Den Salat mit Salz, Pfeffer und Zitronensaft abschmecken. Man kann den Salat sofort essen, fein schmeckt er aber auch, wenn man ihn mit Folie abgedeckt noch etwas durchziehen lässt.

EINFACH, GUT, KLASSISCH ***Tabouleh (libanesischer Bulgursalat)***
Dazu 4 klein gewürfelte Tomaten (wer möchte, nimmt unklassisch noch 1 klein gewürfelte Salatgurke mit dazu) mit gegartem Bulgur, Minze und Petersilie mischen und mit der Salatsauce vermengen (wer es ganz klassisch mag, lässt den Orangensaft weg und verwendet dafür 1–2 EL Zitronensaft).

Joghurtcreme mit Waldbeeren

1 Die Gelatine ca. 5 Min. in kaltem Wasser einweichen. Die Vanilleschote längs aufschlitzen und das Mark mit einem kleinen Messer herauskratzen. Den Saft der Zitrone auspressen. Den Joghurt mit dem Vanillemark, dem Puderzucker und Zitronensaft glatt rühren. Die Gelatine leicht ausdrücken und in einem kleinen Topf bei geringer Hitze auflösen, nacheinander 4–5 EL Joghurt unterrühren, dann die Gelatine zügig und gründlich unter den restlichen Joghurt rühren. Die Joghurtcreme zugedeckt in den Kühlschrank stellen, bis sie zu gelieren beginnt (das dauert 20–30 Min.).

2 Inzwischen die Beeren getrennt waschen und verlesen. Vom Johannisbeernektar 3 EL abnehmen und mit der Stärke verrühren. Den Zucker in einen Topf geben und bei mittlerer Hitze hellbraun karamellisieren lassen. Übrigen Saft und eventuell den Schnaps dazugießen und aufkochen lassen. Dann die Hälfte der Heidelbeeren und 150 g Himbeeren und Brombeeren unterrühren und 2 Min. bei starker Hitze kochen lassen. Dann die Stärke einrühren und alles weitere 4 Min. bei mittlerer Hitze kochen lassen. Vom Herd nehmen, 5 Min. abkühlen lassen und die übrigen Beeren unterrühren (ein paar Beeren für die Dekoration beiseitelegen). Auskühlen lassen.

3 Die Sahne steif schlagen und behutsam unter die gelierende Joghurtcreme heben. Die Creme nochmals 1 Std. kalt stellen. Dann die Creme und die ausgekühlten Beeren in eine Schüssel, in Schälchen oder auch zum Mitnehmen in Bügel- oder Twist-off-Gläser schichten. Vor dem Servieren mit den beiseitegelegten Beeren dekorieren.

ZUTATEN für 6 Personen:
4 Blatt weiße Gelatine
1 Vanilleschote
1/2 Zitrone
500 g Naturjoghurt
70 g Puderzucker
400 g Heidelbeeren
je 200 g Himbeeren und
  Brombeeren
150 ml Johannisbeernektar
1/2 TL Speisestärke
3 EL Zucker
2 EL Kirschschnaps (nach
  Belieben)
400 g Sahne

ZUBEREITUNGSZEIT: 40 Min.
KÜHLZEIT: 1 Std.
PRO PORTION: ca. 410 kcal

Rezepte – Landpartie

Zitrus-Minze-Sirup –
säuerlich und aromastark

ZUTATEN für 1 Flasche
(ca. 500 ml Inhalt):
6 Limetten (davon
  2 Bio-Qualität)
5 Zitronen (davon
  1 Bio-Qualität)
50 g frischer Ingwer
7 grüne Kardamomkapseln
500 g Zucker
1 Bund Minze

ZUBEREITUNGSZEIT: 25 Min.
+ Abkühlzeit
PRO FLASCHE: ca. 2180 kcal

1 Die Bio-Limetten und die Bio-Zitrone heiß waschen, abtrocknen und die Schale dünn abschälen. Dann alle Zitrusfrüchte auspressen. Den Saft mit Wasser auf 600 ml auffüllen und durch ein feines Sieb in einen Topf gießen. Die Zitrusschalen dazugeben.

2 Ingwer schälen und in Scheiben schneiden (oder noch besser im Mörser zerdrücken). Kardamomkapseln im Mörser oder mit einem Nudelholz so anquetschen, dass auch die schwarzen Körnchen zerdrückt sind. Beides mit dem Zucker in den Topf geben und alles bei mittlerer Hitze unter gelegentlichem Rühren zum Kochen bringen, ca. 1 Min. kochen lassen.

3 Die Minze waschen, trocken schütteln und in die kochende Flüssigkeit geben, kurz umrühren. Den Topf vom Herd nehmen und den Sirup zugedeckt abkühlen lassen. Dann den Sirup durch ein feines Sieb in einen Topf gießen. Einmal aufkochen und kochend heiß in eine saubere Flasche füllen, gut verschließen und abkühlen lassen. Der Sirup hält sich im Kühlschrank mehrere Wochen und kann je nach Lust und Laune mit Mineralwasser, Ginger Ale oder eisgekühltem Tee aufgegossen werden.

Sauerkirschsirup –
vollfruchtig und frisch

ZUTATEN für 3 Flaschen
(je ca. 500 ml Inhalt):
1 1/2 kg Sauerkirschen
1 kg Zucker
1/2 Bio-Limette
1 Zimtstange
10 g Zitronensäure

ZUBEREITUNGSZEIT: 40 Min.
RUHEZEIT: 2 Std.
PRO FLASCHE: ca. 1575 kcal

1 Die Kirschen waschen, entstielen, entsteinen und halbieren. Mit 150 g Zucker in einem großen Topf mischen und mit einem Kartoffelstampfer leicht zerdrücken. Zugedeckt 1 Std. ruhen und Saft ziehen lassen.

2 Limette heiß waschen, abtrocknen und die Schale dünn abschneiden. Mit der Zimtstange und 1 l Wasser zu den Kirschen in den Topf geben und unter Rühren aufkochen lassen. 2–3 Min. sprudelnd kochen lassen, dann abkühlen und nochmals 1 Std. zugedeckt ziehen lassen.

3 Kirschen samt Flüssigkeit in ein mit einem Mulltuch ausgelegtes Sieb gießen und abtropfen lassen, dabei das Tuch vorsichtig zusammendrücken (die Kirschen nicht zu sehr quetschen, sonst wird der Sirup trübe). Kirschsaft mit übrigem Zucker und Zitronensäure aufkochen, 1 Min. sprudelnd kochen lassen, dann in saubere Flaschen füllen und gut verschließen. Der Sirup hält sich im Kühlschrank mehrere Wochen und schmeckt mit Mineralwasser oder Tonic verdünnt – in Cocktails, über Eis oder Pudding.

Sommer
nachts
traum

Rote-Bete-Dip
mit Walnüssen und Kräutern

1 Die Roten Beten waschen und die Schale mit einem Messer dünn weg-schneiden (dazu unbedingt Einweghandschuhe tragen, die Roten Beten färben stark!). Die Roten Beten in ca. 5 mm große Würfel schneiden. Die Schalotten schälen und fein würfeln. Thymian und Majoran waschen und trocken schütteln, die Blättchen von den Stängeln zupfen und fein hacken.

2 Das Olivenöl in einem Topf erhitzen und darin die Schalotten andünsten. Thymian, Majoran und Rote Beten dazugeben und kurz mitdünsten, salzen und pfeffern, dann 100 ml Wasser zugießen. Die Roten Beten zugedeckt in 25–30 Min. bei mittlerer Hitze gar kochen. Dabei ab und zu umrühren und eventuell noch etwas Wasser dazugießen, damit das Gemüse nicht anbrennt. Aber auf keinen Fall zu viel Wasser nehmen, die Flüssigkeit sollte bis zum Ende auf wenige Esslöffel einkochen.

3 Die Roten Beten in eine Schüssel geben und etwas abkühlen lassen. Die Walnüsse grob hacken, Dill waschen, trocken schütteln und die Spitzen fein schneiden. Die Roten Beten mit Nüssen und Schmant mit dem Pürierstab cremig pürieren. Den Dill unterrühren und den Dip mit Salz, Pfeffer und Zitronensaft abschmecken.

ZUTATEN für 4–6 Personen:
400 g kleine, junge Rote Beten
3 kleine Schalotten
5 Zweige Thymian
4 Stängel Majoran
2 EL Olivenöl
Salz | Pfeffer
30 g Walnusskerne
5 Stängel Dill
150 g Schmant
2 EL Zitronensaft

ZUBEREITUNGSZEIT: 30 Min.
GARZEIT: 25–30 Min.
PRO PORTION (bei 6 Personen):
   ca. 155 kcal

Schwarze Oliventapenade

ZUTATEN für 6–8 Personen:
200 g schwarze Oliven
  (ohne Stein)
2 EL Kapern
4 Sardellenfilets (in Salz
  eingelegt)
2 Knoblauchzehen
3/4 TL Kräuter der Provence
3–4 EL Olivenöl
Pfeffer

ZUBEREITUNGSZEIT: 15 Min.
PRO PORTION (bei 8 Personen):
  ca. 85 kcal

1 Die Oliven und die Kapern grob hacken. Das Salz mit kaltem Wasser von den Sardellen spülen, dann die Sardellen trocken tupfen und ebenfalls hacken. Den Knoblauch schälen und grob hacken.

2 Alles mit den Kräutern und dem Olivenöl mit dem Pürierstab je nach Wunsch fein oder grob pürieren. Mit Pfeffer würzen. Die Tapenade am besten auf kleinen gerösteten Baguettescheiben zu einem Aperitif servieren.

*VARIANTE – **Tapenade mit grünen Oliven:*** Dazu 200 g grüne Oliven (ohne Stein) grob hacken. 1/2 Salzzitrone (siehe Seite 239) halbieren, das Fruchtfleisch entfernen und die Schale grob hacken. Oliven und Zitronenschale mit den grob zerschnittenen Blättern von 2 Stängeln Basilikum und 3 Zweigen Thymian, 1 grob zerschnittenen Knoblauchzehe, 2 EL Pinienkernen und 4–5 EL Olivenöl fein pürieren. Mit Salz und nach Wunsch 1–2 EL Orangenlikör abschmecken.

Zucchini-Joghurt-Dip mit Oliven und Kapern

ZUTATEN für 4–6 Personen:
1 Zucchino
1 kleine Zwiebel
1 Knoblauchzehe
2 EL Olivenöl
Salz | Pfeffer
2 EL Zitronensaft
1 Stangel Minze
je 3 Stängel Petersilie und
  Koriandergrün
1 TL Kapern
5 grüne Oliven (ohne Stein)
150 g griechischer Naturjoghurt

ZUBEREITUNGSZEIT: 30 Min.
PRO PORTION (bei 6 Personen):
  ca. 75 kcal

1 Den Zucchino waschen, putzen und auf der Küchenreibe grob raspeln. Die Zwiebel und den Knoblauch schälen und klein würfeln. Das Öl in einer beschichteten Pfanne erhitzen. Darin Zwiebel und Knoblauch andünsten. Zucchinoraspel dazugeben und bei starker Hitze unter Rühren anbraten – dabei sollte der Zucchino kaum bräunen, aber möglichst alle Flüssigkeit einkochen. Salzen, pfeffern, mit Zitronensaft ablöschen, nochmals durchrühren und in eine Schüssel geben, abkühlen lassen.

2 Inzwischen die Kräuter waschen, trocken schütteln, die Blättchen von den Stängeln zupfen und grob schneiden. Kapern und Oliven grob hacken. Alles mit der Hälfte der Zucchinoraspel und dem Joghurt mit dem Pürierstab fein pürieren. Die übrigen Raspel dazugeben und nur kurz pürieren, damit der Dip leicht stückig bleibt. Mit Salz und Pfeffer abschmecken.

Marinierte Oliven mit Fenchel

1 Den Knoblauch schälen und fein hacken. Die Zitrone heiß waschen und abtrocknen, ein großes Stück Schale dünn abschneiden und in ganz feine Streifen schneiden, den Saft auspressen. Die Fenchelsamen grob hacken. Petersilie und Fenchelgrün waschen, trocken schütteln und fein schneiden.

2 Den Anisschnaps mit 2 EL Zitronensaft und dem Olivenöl mischen. Die Oliven in ein Sieb geben und gut abtropfen lassen, dann mit den vorbereiteten Zutaten und dem Würzöl mischen.

3 Die Oliven am besten in ein verschließbares Gefäß füllen und mindestens 5 Std. marinieren, eventuell dabei auch mal durchschütteln. Dann zum Servieren nochmals gut durchrühren und in ein Schälchen geben. Holzspießchen zum Aufpieken dazulegen.

EIN MUSS FÜR JEDES FEST – Antipasti!
Sommerabende sind noch mal so schön mit einem Glas Wein und ein paar feinen Kleinigkeiten, wie Oliven oder eingelegtem Gemüse. Und wer zum Gartenfest lädt, kann seinen Gästen gleich zu Beginn etwas davon anbieten. Dazu einfach auf großen Platten unterschiedliche marinierte Gemüse (siehe Seite 66 und 67), etwas Parmaschinken und Salami bereitstellen oder eine Schale mit Parmesanstückchen und eingelegtem Schafkäse mit Holzspießen zum Aufpieken. Wer möchte, reicht dazu noch dünne Scheiben Baguette oder Ciabatta – bereits mit einem Aufstrich bestrichen (siehe Seite 63, 83 und 89). Wer wenig Zeit hat, kann auch fertige Antipasti aus dem Glas servieren und sie einfach mit ein paar frisch gehackten Kräutern (Petersilie, Basilikum und Thymian passen fast immer) aufpeppen.

ZUTATEN für 6 Personen:
2 Knoblauchzehen
1/2 Bio-Zitrone
1 TL Fenchelsamen
1/2 Bund Petersilie
4 Stängel Fenchelgrün
1 EL Anisschnaps (z. B. Pernod)
80 ml Olivenöl
300 g grüne Oliven (in Salz-
    lake eingelegt)

ZUBEREITUNGSZEIT: 15 Min.
MARINIERZEIT: 5 Std.
PRO PORTION: ca. 185 kcal

Feurige Chili-Oliven-Cracker

1 Den Backofen auf 180° (Umluft 160°) vorheizen. Die Oliven trocken tupfen und fein hacken. Den Rosmarin waschen und trocken schütteln, die Blättchen von den Zweigen zupfen und fein hacken. Die Chilischoten halbieren, die Kerne herausschütteln, dann die Schoten mit einem Messer hacken oder im Mörser grob zermahlen.

2 Das Mehl mit Salz und Parmesan mischen. Die Butter in Flöckchen schneiden und mit Oliven, Rosmarin und Chili zügig unters Mehl arbeiten und alles zu einem Teig verkneten.

3 Den Teig auf einer bemehlten Arbeitsfläche 2–3 mm dick ausrollen und Kreise (ca. 6 cm Ø) ausstechen (oder Rechtecke schneiden). Mit einer Gabel mehrmals einstechen, auf ein mit Backpapier ausgelegtes Blech legen. Im Ofen (Mitte) in 10–15 Min. hellbraun backen. Herausnehmen, auskühlen lassen. Besonders fein: Cracker 3 Tage in einer Dose durchziehen lassen. Sie schmecken zu Käse oder mit einem Dip als Häppchen zum Aperitif.

ZUTATEN für ca. 30 Stück:
16 schwarze Oliven (ohne Stein)
2 Zweige Rosmarin
3 getrocknete Chilischoten
180 g Mehl
2 Prisen Salz
70 g frisch geriebener Parmesan
125 g kalte Butter

ZUBEREITUNGSZEIT: 30 Min.
BACKZEIT: 10–15 Min.
PRO STÜCK: ca. 65 kcal

Frittierte Kräuter zum Knabbern

1 Das Mehl mit 1 kräftigen Prise Salz und den Gewürzen mischen. Das Bier nach und nach dazugießen und gründlich unterrühren. Ei trennen und das Eigelb mit dem Olivenöl unter den Teig rühren. Den Teig zugedeckt ca. 30 Min. quellen lassen.

2 Die Kräuter waschen und gründlich mit einem Küchentuch oder mit Küchenpapier trocken tupfen. Eiweiß und 1 Prise Salz steif schlagen und unter den Teig heben.

3 Das Frittieröl in einem weiten Topf erhitzen. Wenn Bläschen an einem ins Öl gehaltenen Holzkochlöffelstiel aufsteigen, ist das Öl heiß genug. Die Kräuter nacheinander durch den Teig ziehen und portionsweise im heißen Öl knusprig hellbraun ausbacken. Mit einem Schaumlöffel herausholen, auf Küchenpapier abtropfen lassen und servieren, solange die Kräuter noch warm und kross sind.

ZUTATEN für 4–6 Personen:
100 g Mehl | Salz
2 Msp. Currypulver
1 Msp. Chilipulver
150 ml Bier (z. B. Helles, Pils)
1 Ei (L) | 2 EL Olivenöl
je 12 große Basilikum- und Salbei-
    blätter und kleine Rosmarin-
    zweigchen (mit zarten Stielen!)
Olivenöl zum Frittieren

ZUBEREITUNGSZEIT: 25 Min.
QUELLZEIT: 30 Min.
PRO PORTION (bei 6 Personen):
    ca. 140 kcal

Stockbrot zum Grillen

ZUTATEN für 8 Stück:
1 Würfel frische Hefe (ca. 40 g)
1/2 TL Zucker
1 1/2 TL Koriandersamen
1 TL Salz
500 g Mehl
4 EL Olivenöl
8 dünne, stabile Holzstöcke
  (ca. 80–100 cm lang)
Olivenöl für die Stöcke

ZUBEREITUNGSZEIT: 25 Min.
GEHZEIT: 1 Std. 15 Min.
PRO STÜCK: ca. 270 kcal

1 Die Hefe grob zerbröckeln, in ein Schälchen geben, mit dem Zucker überstreuen und mit 50 ml lauwarmem Wasser übergießen. Zugedeckt an einem warmen Ort 15 Min. gehen lassen.

2 Koriandersamen grob im Mörser zerstoßen und mit dem Salz unter das Mehl mischen. Ca. 200 ml lauwarmes Wasser mit dem Olivenöl mischen und mit dem Hefeansatz zum Mehl geben. Alles mit einem Holzlöffel verrühren und in ca. 5 Min. zu einem geschmeidigen Teig verkneten. Den Teig in eine bemehlte Schüssel geben und zugedeckt 1 Std. gehen lassen.

3 Teig nochmals gut durchkneten, in 8 Stücke teilen und diese zu dicken Strängen formen. Die Holzstöcke bis etwa zur Hälfte mit Öl bepinseln und die Teigstränge darumwickeln. Über dem offenen Lagerfeuer oder dem Holzkohlengrill so lange rösten, bis das Brot schön braun und knusprig ist.

Milder Kräuterquark zum Stockbrot

ZUTATEN für 8 Personen:
1 großes Bund gemischte Kräuter
  (z. B. Borretsch, Dill, Petersilie,
  Schnittlauch, Liebstöckel)
4 Stangel Basilikum
5 getrocknete Tomaten (in Öl
  eingelegt)
500 g Sahnequark
3 EL saure Sahne
2 Msp. fein abgerlebene
  Bio-Zitronenschale
Salz | Pfeffer
edelsüßes Paprikapulver

ZUBEREITUNGSZEIT: 20 Min.
PRO PORTION: ca. 120 kcal

1 Die gemischten Kräuter und das Basilikum waschen und gut trocken schütteln, die Blättchen von den Stängeln zupfen und fein hacken. Tomaten abtropfen lassen und in möglichst kleine Würfelchen schneiden.

2 Den Quark mit der sauren Sahne und der Zitronenschale glatt rühren. Mit Salz, Pfeffer und Paprikapulver pikant würzen, dann die Kräuter untermischen. Eventuell vor dem Servieren noch 15 Min. ziehen lassen, dann mit dem Stockbrot genießen (oder auch mit Pellkartoffeln, den Ofenkartoffeln von Seite 91 oder auf einer Scheibe Brot).

TIPP – zusätzliches Aroma: Wer den leicht scharfen Geschmack von Frühlingszwiebeln schätzt, kann zusätzlich noch 2 in ganz feine Ringe geschnittene Zwiebeln (den weißen und den knackigen grünen Teil) unter den Kräuterquark rühren.

Rosmarin-Ofenkartoffeln

ZUTATEN für 6 Personen:
1,2 kg kleine, junge Kartoffeln
4 Zweige Rosmarin
3 Knoblauchzehen
4 EL Olivenöl
Meersalz
Pfeffer

ZUBEREITUNGSZEIT: 20 Min.
GARZEIT: 45–50 Min.
PRO PORTION: ca. 170 kcal

1 Die Kartoffeln gründlich unter fließendem Wasser abschrubben und waschen. Unschöne Stellen an der Schale eventuell mit einem kleinen Messer abkratzen oder herausschneiden. Dann die Kartoffeln je nach Größe längs halbieren oder vierteln.

2 Den Backofen auf 180° vorheizen. Den Rosmarin waschen und trocken schütteln, von 2 Zweigen die Blättchen abzupfen und grob hacken, übrige Zweige grob zerteilen. Knoblauch schälen, in feine Scheibchen schneiden und mit dem Öl, den grob zerteilten Rosmarinzweigen und den Kartoffeln in einer Schüssel gründlich mischen.

3 Dann die Kartoffeln (mit den Schnittflächen nach oben), Knoblauchscheiben und die Rosmarinzweige auf ein mit Backpapier ausgelegtes Blech geben, mit dem gehackten Rosmarin bestreuen, salzen und pfeffern. Die Kartoffeln im Ofen (Mitte, Umluft 160°) in 45–50 Min. goldbraun garen. Sie passen gut zu allen Grillgerichten!

Ofentomaten mit Kräuterhaube

ZUTATEN für 6–8 Personen:
12 Tomaten
Salz | Pfeffer
3 EL Pinienkerne
3 EL Kapern
3 Sardellenfilets (in Öl eingelegt)
100 g Semmelbrösel
60 g frisch geriebener Parmesan
1 TL Kräuter der Provence
100 ml Olivenöl

ZUBEREITUNGSZEIT: 25 Min.
GARZEIT: 20–25 Min.
PRO PORTION (bei 8 Personen):
   ca. 230 kcal

1 Den Backofen auf 200° (Umluft 180°) vorheizen. Die Tomaten waschen, quer halbieren und mit den Schnittflächen nach oben in eine ofenfeste Form setzen, salzen und pfeffern. Pinienkerne grob, Kapern und Sardellen fein hacken und mit Semmelbröseln, Parmesan, Kräutern und Öl mischen, dabei alles gut vermengen. Die Bröselmasse leicht salzen und pfeffern.

2 Die Bröselmasse gleichmäßig auf den Tomaten verteilen. Die Tomaten im Ofen (Mitte) 20–25 Min. braten, bis sie gar sind und die Bröselhaube leicht gebräunt ist. Die Ofentomaten schmecken lauwarm oder kalt und passen daher auch wunderbar auf ein Grillbüfett.

TIPP – dekorativ fürs Büfett: Von Tomaten mit Strunk einen kleinen Deckel abschneiden und nur auf die unteren Tomatenhälften die Bröselmasse verteilen. Beides im Ofen braten und die Deckel zum Servieren wieder aufsetzen.

Kräutermakrelen vom Grill

1 Makrelen unter fließendem kalten Wasser innen und außen säubern und mit Küchenpapier trocken tupfen. Die Fische dann auf beiden Seiten mehrmals schräg mit kleinen Schnitten nicht zu tief einschneiden.

2 Zitronen heiß waschen und abtrocknen. Aus der Mitte der Zitronen jeweils 3 dünne Scheiben herausschneiden, die Scheiben halbieren. Den Saft aus den übrigen Zitronenenden auspressen. Fenchelknolle waschen und putzen. Fenchelgrün fein hacken, die Knolle in 12 dünne Spalten schneiden, dabei den Strunk herausschneiden.

3 Die Kräuter waschen und trocken schütteln, die Blättchen abzupfen und fein hacken. Den Fenchelsamen grob hacken und mit den Kräutern, dem Fenchelgrün und dem Öl mischen. Knoblauch schälen und dazupressen, den Zitronensaft unterrühren. Die Marinade mit Salz und Pfeffer würzen.

4 Makrelen innen mit etwas Marinade einpinseln, je 2 Zitronenscheiben- hälften und 2 Fenchelspalten hineinlegen. Die Fische außen mit der rest- lichen Marinade bepinseln, dabei möglichst viel davon in die Einschnitte geben. Zugedeckt ca. 2 Std. marinieren lassen.

5 Den Gas- oder Holzkohlengrill gut anheizen. Die Grillkörbe mit etwas Öl einpinseln und die Fische hineinlegen, salzen und pfeffern. Dann die Makrelen mit ca. 15 cm Abstand zur Hitzequelle ca. 30 Min. grillen, dabei zwischendurch wenden und mit Öl (oder auch Marinade, falls noch etwas übrig ist) bepinseln.

ZUTATEN für 6 Stück:
6 küchenfertige Makrelen
   (je ca. 300 g)
2 Bio-Zitronen
1 kleine Knolle Fenchel
6 Zweige (Zitronen-)Thymian
10 Stängel Petersilie
1/2 TL Fenchelsamen
8 EL Olivenöl
2 Knoblauchzehen
Salz | Pfeffer
6 Fisch-Grillkörbe
Olivenöl zum Einpinseln

ZUBEREITUNGSZEIT: 25 Min.
MARINIERZEIT: 2 Std.
GRILLZEIT: 30 Min.
PRO STÜCK: ca. 685 kcal

Scharfe Hackfleischspieße

1 Die Kräuter waschen und trocken schütteln, Blättchen von den Stängeln zupfen und fein hacken. Den Knoblauch schälen und fein würfeln. Kreuzkümmel und Chilischoten samt der Samen mit dem Messer fein hacken oder im Mörser nicht allzu fein zerstoßen.

2 Alle vorbereiteten Zutaten mit Hackfleisch, Quark, Semmelbröseln und Eiern vermengen. Die Hackfleischmasse kräftig mit Salz und Pfeffer würzen. Zugedeckt 1 Std. in den Kühlschrank stellen. Dann die Hände mit Wasser anfeuchten (es geht auch Olivenöl) und aus der Hackmasse 6 Würste formen. Die Würste längs auf lange Metall- oder Holzspieße stecken, dabei die Masse gut an den Spießen festdrücken. Am besten erneut für 1 Std. kühl stellen.

3 Den Gas- oder Holzkohlengrill gut anheizen. Die Hackfleischspieße leicht mit Olivenöl bepinseln, dann auf dem Grillrost mit ca. 15 cm Abstand zur Hitzequelle rundherum 10–15 Min. grillen.

ZUTATEN für 6 Stück:
je 1/2 Bund Koriandergrün und
    Petersilie | 2 Knoblauchzehen
1 EL Kreuzkümmelsamen
3–4 getrocknete Chilischoten
800 g gemischtes Hackfleisch
200 g Quark (20 %)
60 g Semmelbrösel | 3 Eier (M)
Salz | Pfeffer | 3–4 EL Olivenöl

ZUBEREITUNGSZEIT: 40 Min.
KÜHLZEIT: 1–2 Std.
GRILLZEIT: 10–15 Min.
PRO STÜCK: ca. 530 kcal

Lammkoteletts mit Joghurt-Mandel-Marinade

1 Die Kräuter waschen und trocken schütteln, Blättchen von den Stängeln zupfen und fein hacken. Limette heiß waschen und abtrocknen, die Schale fein abreiben und 1 EL Saft auspressen. Den Knoblauch schälen und durch die Presse drücken.

2 Alle vorbereiteten Zutaten mit den Mandeln unter den Joghurt rühren. Kräftig mit Kreuzkümmel, Salz, Pfeffer und Chili würzen. Die Marinade mit den Lammkoteletts in eine flache Schüssel geben und gut mischen, sodass die Koteletts mit Marinade bedeckt sind. Zugedeckt im Kühlschrank 2 Std. durchziehen lassen.

3 Den Gas- oder Holzkohlengrill gut anheizen. Die Lammkoteletts und die Marinade noch einmal durchmengen, damit die Koteletts rundherum voller Marinade sind. Dann auf dem Grillrost (am besten in der Alu-Grillschale) mit ca. 15 cm Abstand zur Hitzequelle 10–15 Min. grillen, dabei ab und zu wenden.

ZUTATEN für 6 Personen:
6 Stängel Minze
10 Stängel Koriandergrün
1/2 Bio-Limette
1 Knoblauchzehe
3 EL gehäutete gemahlene
    Mandeln | 250 g Naturjoghurt
1 TL gemahlener Kreuzkümmel
Salz | Pfeffer | Chilipulver
12 Lammkoteletts (je ca. 90 g)

ZUBEREITUNGSZEIT: 15 Min.
MARINIERZEIT: 2 Std.
GRILLZEIT: 10–15 Min.
PRO PORTION: ca. 475 kcal

Bunte Gemüse-Kartoffel-Spieße

ZUTATEN für 12 Stück:
250 g kleine, junge Kartoffeln
1 kleiner Zucchino | Salz
200 g Kirschtomaten
150 g Schalotten
2 Knoblauchzehen
6 Zweige Thymian
1 TL getrockneter Majoran
5 EL Olivenöl
Fleur de Sel (Meersalz,
  siehe Seite 101)
Pfeffer
12 lange Metall- oder Holzspieße
Alu-Grillschale

ZUBEREITUNGSZEIT: 45 Min.
GRILLZEIT: 15–20 Min.
PRO STÜCK: ca. 60 kcal

1 Kartoffeln gründlich waschen. Zucchino waschen, putzen und längs in feine Scheiben hobeln. In einem großen Topf Wasser aufkochen, salzen, Zucchinoscheiben hineingeben, knapp 1 Min. blanchieren, herausnehmen, abschrecken und abtropfen lassen. Die Kartoffeln ins kochende Wasser geben und ca. 20 Min. zugedeckt garen, abgießen und ausdampfen lassen.

2 Inzwischen die Tomaten waschen. Schalotten schälen, große eventuell halbieren. Knoblauch schälen und durch die Presse drücken. Den Thymian waschen und trocken schütteln, die Blättchen von den Zweigen zupfen und fein hacken. Knoblauch, Thymian, Majoran und Öl verrühren. Kartoffeln halbieren, Zucchinoscheiben fest zu Röllchen aufwickeln. Kartoffelhälften, Zucchinirollen, Tomaten und Schalotten abwechselnd auf die Spieße stecken, mit der Marinade bepinseln und mit Fleur de Sel und Pfeffer würzen.

3 Den Gas- oder Holzkohlengrill gut anheizen. Die Spieße in die Grillschale legen und auf dem Rost mit ca. 15 cm Abstand zur Hitzequelle 15–20 Min. grillen, dabei ab und zu wenden und mit Marinade bepinseln.

Mediterrane Schafkäsepäckchen

ZUTATEN für 6 Personen:
2 Fleischtomaten
6 Zweige Thymian
15 schwarze Oliven (ohne Stein)
1 Gemüsezwiebel
2 Knoblauchzehen
4 EL Olivenöl
600 g Schafkäse (Feta)
Salz | Pfeffer
extrastarke Alufolie

ZUBEREITUNGSZEIT: 30 Min.
GRILLZEIT: 10 Min.
PRO PORTION: 335 kcal

1 Die Tomaten waschen und halbieren, die Stielansätze wegschneiden und die Kerne mit einem Löffel herauslösen. Dann das Fruchtfleisch klein würfeln. Den Thymian waschen und trocken schütteln, die Blättchen von den Zweigen zupfen und fein hacken. Die Oliven in Scheiben schneiden. Zwiebel und Knoblauch schälen, die Zwiebel in feine Ringe schneiden.

2 Tomaten, Thymian, Oliven und Öl mischen, den Knoblauch durch die Presse dazudrücken. Den Käse gut trocken tupfen, in 6 Stücke schneiden und jeweils auf ein Stück Alufolie (ca. 30 x 30 cm) legen. Ein paar Zwiebelringe darauflegen, die Tomaten-Würz-Mischung gleichmäßig darüber verteilen, salzen und pfeffern. Die Folie über dem Käse zusammenfalten und gut verschließen.

3 Den Gas- oder Holzkohlengrill gut anheizen. Die Käsepäckchen mit ca. 15 cm Abstand zur Hitzequelle auf den Grillrost legen und den Käse ca. 10 Min. grillen.

Pfefferige Rib-Eye-Steaks vom Grill

ZUTATEN für 6 Personen:
3 Rib-Eye-Steaks (je ca. 300 g)
2 Knoblauchzehen
1 Zweig Rosmarin
1 TL Wacholderbeeren
2 TL schwarze Pfefferkörner
5 EL Olivenöl
Fleur de Sel (Meersalz,
  siehe Seite 101)

ZUBEREITUNGSZEIT: 10 Min.
MARINIERZEIT: 6 Std.
GRILLZEIT: 8–10 Min.
PRO PORTION: ca. 405 kcal

1 Die Steaks mit Küchenpapier trocken tupfen. Den Knoblauch schälen, Rosmarin waschen, trocken schütteln und die Blättchen von den Zweigen zupfen, beides fein hacken. Die Wacholderbeeren und Pfefferkörner nacheinander im Mörser grob zerreiben, dann miteinander mischen.

2 Knoblauch, Rosmarin und Gewürze mit dem Öl mischen, die Steaks darin wenden. Die Steaks am besten in eine Plastikbox geben, gut verschließen und mindestens 6 Std. (oder auch über Nacht) im Kühlschrank durchziehen lassen.

3 Den Gas- oder Holzkohlengrill gut anheizen. Dann die Steaks wieder in der Marinade wenden, mit ca. 15 cm Abstand zur Hitzequelle auf den Grillrost legen und von jeder Seite 4–5 Min. grillen. Die Steaks vom Grill nehmen, mit Fleur de Sel würzen und vor dem Portionieren möglichst noch 3–4 Min. ruhen lassen.

Knoblauch-Kräuter-Butter zu gegrilltem Fleisch

ZUTATEN für 6 Personen:
1 Knoblauchzehe
5 Stängel Basilikum
12 Stängel Petersilie
2 Stängel Estragon
6 Zweige Thymian
1/2 Bio-Zitrone
150 g weiche Butter
Salz | Pfeffer

ZUBEREITUNGSZEIT: 15 Min.
  + eventuell Kühlzeit
PRO PORTION: ca. 190 kcal

1 Den Knoblauch schälen und durch die Presse drücken. Die Kräuter waschen und trocken schütteln, die Blättchen von den Stängeln zupfen und möglichst fein hacken. Die Zitrone heiß waschen, abtrocknen und die Schale fein abreiben.

2 Die Butter in ein Schüsselchen geben und Knoblauch, Kräuter und die Zitronenschale mithilfe einer Gabel gleichmäßig untermengen, mit Salz und Pfeffer würzen. Die Butter am besten vor dem Servieren im Kühlschrank wieder fest werden lassen.

TIPP – Kräuterbutter gut in Form: Wer will, kann die Butter auch auf ein Pergamentpapier geben, vorsichtig zu einer Rolle formen und so im Kühlschrank fest werden lassen – dann lässt sie sich später in schöne Scheiben schneiden.

Tomaten-Pflaumen-Ketchup

1 Die Tomaten waschen und in kleine Stücke schneiden, dabei die Stielansätze wegschneiden. Die Pflaumen waschen, entkernen und ebenfalls klein schneiden. Beides samt angesammelter Flüssigkeit in einen großen Topf geben und zugedeckt bei geringer bis mittlerer Hitze 45–60 Min. köcheln lassen, bis die Tomaten und Pflaumen weich und zerkocht sind.

2 Zwiebeln und Knoblauch schälen und klein würfeln, die Sellerieblätter waschen und trocken schütteln. Die Tomaten-Pflaumen-Masse durch ein nicht zu feines Sieb streichen oder noch besser durchs Passiergerät drücken und zurück in den Topf geben. Zwiebeln, Knoblauch, Chilischoten, die Gewürze, Salz, Zucker, Essig und die Sellerieblätter dazugeben. Nun alles bei mittlerer Hitze offen 2 Std.–2 Std. 30 Min. einkochen lassen, bis eine dickflüssige Masse entstanden ist, dabei immer wieder umrühren.

3 Den fertigen Tomaten-Pflaumen-Ketchup mit Salz pikant abschmecken, rasch nochmals durch ein nicht zu feines Sieb streichen und dann sofort noch heiß in eine saubere Flasche füllen, gut verschließen. Der Ketchup schmeckt zu fast jedem dunklen, gegrillten Fleisch und hält sich im Kühlschrank 2–3 Wochen lang.

ZUTATEN für 1 Flasche
(ca. 500 ml Inhalt):
1 1/2 kg Tomaten
1 kg rote Pflaumen
2 rote Zwiebeln
1 Knoblauchzehe
Blätter von 2 Stängeln
Staudensellerie
2 getrocknete Chilischoten
1/2 Zimtstange
8 Pimentkörner
1 TL Senfkörner
1 TL schwarze Pfefferkörner
1 TL Salz
80 g Zucker
180 ml Rotweinessig

ZUBEREITUNGSZEIT: 30 Min.
GARZEIT: bis zu 3 Std. 30 Min.
PRO FLASCHE: ca. 1115 kcal

VARIANTE – schnelles Tomaten-Pflaumen-Chutney
Wer nicht so lange im Topf rühren mag oder nicht alle benötigten Kräuter für das Ketchup zur Hand hat oder kaufen möchte, für den ist dieses leicht asiatisch angehauchte „Mogel-Chutney" genau das Richtige: In 3 EL Olivenöl 4 klein gewürfelte Schalotten andünsten. Dann 250 g klein gewürfelte rote Pflaumen dazugeben und ca. 2 Min. bei mittlerer Hitze mitdünsten. 250 g klein gewürfelte Tomaten und 1–2 entkernte, fein gehackte rote Chilischoten untermischen. Mit Salz, Pfeffer und 1–2 TL Zucker würzen und ca. 15 Min. offen kochen lassen. 3 EL Hoisin-Sauce (aus dem Asienladen) und 1–2 EL Aceto Balsamico unterrühren und alles noch ca. 5 Min. köcheln lassen. Abschmecken und lauwarm oder kalt zu Gegrilltem servieren.

Scharfer Paprikadip

ZUTATEN für 4–6 Personen:
500 g rote Paprikaschoten
 (ideal: Spitzpaprika)
2–3 Chili- oder Peperoni-
 schoten
1 Knoblauchzehe
6 Zweige Thymian
3 EL Olivenöl | Salz
Pfeffer | 4 EL Weißwein

ZUBEREITUNGSZEIT: 25 Min.
PRO PORTION (bei 6 Personen):
 ca. 65 kcal

1 Die Paprikaschoten vierteln, putzen, waschen und in 3 cm große Stücke schneiden. Die Chili- oder Peperonischoten waschen, längs halbieren, die Samen und Trennwände herauskratzen, die Stiele wegschneiden und die Schoten in grobe Stücke schneiden. Den Knoblauch schälen und in dünne Scheiben schneiden. Den Thymian waschen und trocken schütteln, die Blättchen von den Zweigen zupfen und fein hacken.

2 Das Olivenöl in einer beschichteten Pfanne richtig heiß werden lassen. Paprika, Chili oder Peperoni und Knoblauch dazugeben und unter Rühren anbraten, bis die Paprikastücke bräunen. Die Hälfte des Thymians zugeben, salzen, pfeffern und mit Weißwein ablöschen. Den Wein einkochen lassen, dann 4–5 EL Wasser dazugeben und alles 8–10 Min. zugedeckt bei mittlerer Hitze garen, bis die Paprikaschoten weich sind.

3 Die Schoten samt Bratsaft und übrigem Thymian mit dem Pürierstab fein pürieren, salzen, pfeffern. Der Dip schmeckt lauwarm oder kalt zu Gegrilltem.

Orangen-Thymian-Würzsalz

ZUTATEN für 1 Glas
 (ca. 100 ml Inhalt):
1 Bio-Orange
1/2 Bio-Zitrone
4 Zweige (Zitronen-)Thymian
3 kleine getrocknete Chilischoten
1 TL Koriandersamen
1/2 TL Anissamen
100 g Fleur de Sel (siehe Tipp)

ZUBEREITUNGSZEIT: 15 Min.
TROCKENZEIT: 6 Std.
PRO GLAS: ca. 0 kcal

1 Zitrusfrüchte heiß waschen, abtrocknen und die Schalen fein abreiben. Thymian waschen und trocken schütteln, die Blättchen von den Zweigen zupfen und fein hacken. Chilischoten, Koriander- und Anissamen in einem Mörser nicht zu fein zerreiben. Alles gut mit dem Salz mischen.

2 Das Würzsalz gleichmäßig auf einer großen Platte verteilen und offen mindestens 6 Std. trocknen lassen. Anschließend in ein Schraubglas füllen und im Vorratsschrank kühl und dunkel aufbewahren. Herausholen, wenn es Fleisch oder Fisch vom Grill gibt; das Salz schmeckt aber auch hervorragend auf Tomaten, zu Pasta mit Gemüse oder in einer Vinaigrette!

EIN HAUCH VON MEER – Fleur de Sel: Bei diesem Salz handelt es sich um das beste und leider auch teuerste Meersalz. Feine Kristallflocken werden meist in Handarbeit gewonnen und enthalten wesentlich mehr Mineralstoffe als normales Meersalz. Über Speisen gestreut, kitzelt nicht nur sein Aroma den Gaumen – Feinschmecker lieben die leicht knusprige Konsistenz.

Bunte Melonenbowle

1 Die ganzen Melonen halbieren. Die Kerne aus Charentais- und Honigmelone mit einem Löffel herausheben, aus der Wassermelone mit einem spitzen Messer herausschneiden. Das Fruchtfleisch dann entweder mit einem kleinen Kugelausstecher ausstechen oder mit dem Messer von der Schale schneiden und mundgerecht würfeln, dann in eine Schüssel geben.

2 Den Saft der Zitrone auspressen, mit dem Puderzucker verrühren und mit dem Campari mischen. Mit den Melonenkugeln oder -würfeln in eine Bowlenschüssel geben und den Ansatz zugedeckt 2 Std. im Kühlschrank ziehen lassen.

3 Dann Weißwein, Prosecco und Mineralwasser über die Melonen gießen. Die Bowle auf Gläser verteilen und mit kleinen Gabeln zum Aufpieken der Früchte servieren. Hübsch sieht die Bowle auch aus, wenn man noch etwas Minze mit in jedes Glas steckt.

ZUTATEN für 12 Gläser:
1 Charentais-Melone (Zuckermelone, siehe Tipp)
1 Honigmelone
1/4 Wassermelone
1 Zitrone
3 EL Puderzucker
200 ml Campari
1 Flasche Weißwein (750 ml, gut gekühlt)
1 Flasche Prosecco (750 ml, gut gekühlt)
1 Flasche Mineralwasser (750 ml, gut gekühlt)
Minzeblättchen für die Deko (nach Belieben)

ZUBEREITUNGSZEIT: 25 Min.
KÜHLZEIT: 2 Std.
PRO GLAS: ca. 165 kcal

SO SIEHT DER SOMMER AUS – *Melonen ohne Ende*

Melonen sind die Sommerfrüchte schlechthin – leicht, erfrischend und unendlich saftig. Und zum Glück sind heute die unterschiedlichsten Sorten im Angebot. Allerdings gibt es leider bei den Bezeichnungen immer wieder mal Verwirrungen. Wassermelonen kennt jeder: groß bis riesig, mit dunkelgrüner oder gescheckter Schale und rotem Fruchtfleisch. Die Charentais-Melone (kleine runde Form, außen hellgrün mit dunkelgrünen „Rippen", innen leuchtend orange) ist eine aus Frankreich stammende Variante der Cantaloup-Melone (leicht grau-grüne netzartig strukturierter Schale und orangefarbenes Fruchtfleisch). Die Galia-Melone hat dagegen eine gelbe netzartig geäderte Schale und weiß-grünliches Fruchtfleisch. Und das fast weiße Fleisch der leicht länglichen Honigmelone schmeckt auffällig nach Honig und verbirgt sich meist unter einer glatten intensiv-gelben Schale.

Pfirsichbowle mit Rosenblättern

1 Die Blütenblätter von 4 Rosen abzupfen und alle unschönen wegwerfen, den Rest vorsichtig in kaltem Wasser waschen, auf ein Küchentuch geben und trocken tupfen. Dann die Blütenblätter mit Rosenwasser, 2 EL Zucker und der Hälfte des Weins verrühren. Den Ansatz zugedeckt 5 Std. in den Kühlschrank stellen, eventuell ab und zu umrühren.

2 Gleich nachdem der Ansatz fertig ist, Pfirsiche waschen und in dünnen Spalten von den Kernen schneiden. Limette heiß waschen und in dünne Scheiben schneiden. Den übrigen Wein mit übrigem Zucker verrühren und über die Früchte geben, ebenfalls ca. 5 Std. im Kühlschrank ziehen lassen.

3 Von der übrigen Rose die Blütenblätter abzupfen, waschen und trocken tupfen. Den Blütenblätteransatz durch ein Sieb in eine Bowlenschüssel oder Glaskaraffe gießen. Pfirsiche samt Wein dazugeben und umrühren, dann mit dem Sekt aufgießen und die Rosenblütenblätter hineingeben.

ZUTATEN für 12 Gläser:
5 ungespritzte Duftrosen
1–2 EL Rosenwasser
4 EL Zucker
1 Flasche Roséwein (750 ml)
4 weiße Pfirsiche
1 Bio-Limette
2 Flaschen Sekt (je 750 ml, gut gekühlt)

ZUBEREITUNGSZEIT: 25 Min.
KÜHLZEIT: 5 Std.
PRO GLAS: ca. 185 kcal

Erfrischende Gurken-Zitrus-Bowle

1 Die Gurke gut waschen, längs halbieren und quer in ca. 1 cm breite Scheiben schneiden. Die Zitrusfrüchte heiß waschen, dann erst in ca. 1 cm breite Scheiben, diese in Viertel schneiden (die Enden der Zitrusfrüchte wegwerfen). Alles mit dem Wodka und Weißwein in einer Bowlenschüssel mischen und den Ansatz ca. 1 Std. im Kühlschrank ziehen lassen.

2 Melisse waschen und trocken schütteln, die Blättchen von den Stängeln zupfen und unter den Bowlenansatz mischen. Das Ganze mit Tonicwater aufgießen. Eventuell noch ein paar Eiswürfel in die Gläser geben, die Bowle einfüllen und sofort servieren.

TIPP – Aromavariante: Anstelle von Tonicwater lohnt es sich übrigens auch mal, eisgekühltes Gingerale zu verwenden.

ZUTATEN für 12 Gläser:
1 Bio-Salatgurke
3 Bio-Limetten
4 Bio-Orangen
75 ml Wodka
1 Flasche Weißwein (750 ml)
2 Stängel Zitronenmelisse
1 1/2 l Tonicwater (gut gekühlt)
eventuell Eiswürfel

ZUBEREITUNGSZEIT: 15 Min.
KÜHLZEIT: 1 Std.
PRO GLAS: ca. 50 kcal

Hitze
frei

Melonen-Zitrus-Cooler

ZUTATEN für 2 Gläser:
1/2 rosa Grapefruit
1/2 Limette
1 kleine Charentais-Melone
  (siehe Seite 104, Tipp)
3 EL Puderzucker
2 Kugeln Zitronensorbet

ZUBEREITUNGSZEIT: 15 Min.
PRO GLAS: ca. 200 kcal

1 Den Saft der Grapefruit und der Limette auspressen (beim Limettensaft sollten es nicht mehr als 2 EL sein). Die Melone halbieren und die Kerne mit einem Löffel herauskratzen. Das Fruchtfleisch mit dem Löffel aus den Melonenhälften herauslösen und mit Zitrusfrüchtesaft und Puderzucker mit dem Pürierstab oder in einem Blender fein pürieren.

2 Dann das Sorbet dazugeben, alles nochmals kurz durchpürieren und den Cooler auf Gläser verteilen.

Pfirsich-Himbeer-Shake

ZUTATEN für 2 Gläser:
2 weiße Pfirsiche
800 g Himbeeren
150 ml Milch
1 große Kugel Vanilleeis
8 Blätter Zitronenmelisse

ZUBEREITUNGSZEIT: 15 Min.
PRO GLAS: ca. 300 kcal

1 Die Pfirsiche kreuzweise einritzen, mit kochend heißem Wasser überbrühen, kurz ziehen lassen und dann häuten. Das Fruchtfleisch von den Kernen lösen, grob schneiden und mit Himbeeren, Milch und Vanilleeis mit dem Pürierstab oder in einem Blender schaumig pürieren.

2 Die Melisseblätter waschen, trocken tupfen und in Streifen schneiden. Den Shake in Gläser gießen und mit Melisse bestreuen.

Heidelbeer-Amaretti-Smoothie

ZUTATEN für 2 Gläser:
150 g Heidelbeeren
2 EL Zucker
1 EL Zitronensaft
40 g Amaretti
400 ml Kefir (gut gekühlt)

ZUBEREITUNGSZEIT: 20 Min.
PRO GLAS: ca. 295 kcal

1 Die Heidelbeeren waschen und verlesen. Den Zucker in einem kleinen Topf schmelzen und bei mittlerer Hitze hellbraun karamellisieren lassen. Die Heidelbeeren dazugeben und ca. 5 Min. mitköcheln lassen, Zitronensaft unterrühren. Vom Herd nehmen und abkühlen lassen.

2 Amaretti in einen Gefrierbeutel geben und mit dem Nudelholz darüberrollen, bis die Kekse fein zerbröselt sind. Abgekühlte Heidelbeeren – bis auf ca. 2 EL – mit dem Kefir und den Amarettibröseln mit dem Pürierstab oder in einem Blender fein pürieren. In Gläser füllen und jeweils etwas zurückbehaltene Beeren daraufgeben.

Kalte Gemüsesuppe
– fast wie Gazpacho ...

1 Das Brot in kleine Würfel schneiden. Die Knoblauchzehen schälen und fein hacken. 4 EL Olivenöl in einer beschichteten Pfanne erhitzen, das Brot und die Hälfte des Knoblauchs dazugeben und bei mittlerer Hitze unter Rühren goldbraun braten, anschließend auf Küchenpapier abtropfen lassen.

2 Die Tomaten kreuzweise einritzen, mit kochend heißem Wasser überbrühen und ca. 1 Min. ziehen lassen. Dann die Tomaten häuten, vierteln, die Kerne herauskratzen und die Stielansätze wegschneiden. Das Tomatenfleisch grob schneiden und samt dem dabei angesammelten Saft mit Essig, übrigem Öl und restlichem Knoblauch und der Hälfte des gerösteten Brots mischen und ca. 30 Min. im Kühlschrank ziehen lassen.

3 Die rote Paprikaschote halbieren, putzen, waschen und grob würfeln. Salatgurke schälen, längs halbieren und die Kerne mit einem Löffel herauskratzen, dann das Gurkenfleisch in kleine Stücke schneiden. Paprika und Gurke mit den Tomaten samt eingeweichtem Brot mischen und mit Brühe oder Fond und den Eiswürfeln mit dem Pürierstab fein pürieren. Mit Salz, Pfeffer, Paprika- und Chilipulver und dem Zucker würzen. Die Suppe im Kühlschrank ca. 2 Std. (oder auch länger) durchkühlen lassen.

4 Die grüne Paprikaschote halbieren, putzen, waschen und in möglichst kleine Würfel schneiden. Basilikum waschen und trocken schütteln. Die Basilikumblätter von den Stängeln zupfen, in feine Streifen schneiden und mit den Paprikawürfeln mischen. Die Suppe auf Teller verteilen und mit den übrigen gerösteten Brotwürfeln und der Paprika-Basilikum-Mischung bestreuen.

ALS SATTMACHER noch was dazu ...

Es soll ja tatsächlich Leute geben, die behaupten, man würde von einer Gazpacho nicht satt. Wer tatsächlich die Befürchtung hat, röstet ein paar Scheiben Brot schön braun, reibt sie mit 1/2 Knoblauchzehe ein, träufelt einige Tropfen Olivenöl darüber und hobelt noch etwas Parmesan oder stilecht Manchego darüber. Die Röstschnittchen passen dann perfekt zur oder in die Suppe. Dafür aber die Brotwürfel auf der Suppe weglassen (also für die Suppe nur die Hälfte zubereiten).

ZUTATEN für 4 Personen:
150 g Weißbrot (vom Vortag)
2 Knoblauchzehen
8 EL Olivenöl
750 g Tomaten
3 EL Weißweinessig
1 rote Paprikaschote
1/2 Salatgurke
150 ml Gemüsebrühe
  oder -fond (gut gekühlt)
6 Eiswürfel (ersatzweise
  8 EL eiskaltes Wasser)
Salz | Pfeffer
edelsüßes Paprikapulver
Chilipulver
2–3 Prisen Zucker
1 kleine grüne Paprikaschote
4 Stängel Basilikum

ZUBEREITUNGSZEIT: 50 Min.
KÜHLZEIT: 2 Std. 30 Min.
PRO PORTION: ca. 335 kcal

Rezepte – Hitzefrei

Melonensalat
mit Büffelmozzarella

ZUTATEN für 4 Personen:
1 Scheibe Toastbrot
1 rote Chilischote
2 Knoblauchzehen
1 Zweig Rosmarin
je 3 Stängel Basilikum
  und Petersilie
5 EL Olivenöl
Salz | Pfeffer
1 Charentais-Melone
  (siehe Seite 104, Tipp)
2 Fleischtomaten
2 Kugeln Büffelmozzarella
  (je 200 g)
1/2 Bio-Zitrone
2 EL Crema di Balsamico

ZUBEREITUNGSZEIT: 30 Min.
PRO PORTION: ca. 400 kcal

1 Das Toastbrot klein schneiden, dann krümelig zerhacken. Chilischote waschen, entstielen, längs halbieren und die Kerne herauskratzen. Knoblauch schälen und mit der Chili winzig fein würfeln. Die Kräuter waschen, trocken schütteln und die Blättchen von den Stängeln zupfen, Rosmarin fein hacken. In einer kleinen Pfanne 2 EL Öl erhitzen, darin Toast, Knoblauch, Chili und Rosmarin bei mittlerer Hitze goldbraun braten. Mit Salz und Pfeffer würzen. Vom Herd nehmen und abkühlen lassen.

2 Inzwischen Melone halbieren und Kerne herauskratzen. Die Hälften in 8 dünne Spalten und das Fruchtfleisch von der Schale schneiden. Tomaten waschen und in Scheiben schneiden, dabei die Stielansätze wegschneiden. Den Mozzarella trocken tupfen und in Scheiben schneiden. Alles bunt gemischt auf vier großen Tellern auslegen, leicht salzen und pfeffern.

3 Basilikum und Petersilie nicht allzu fein schneiden. Die Zitrone heiß waschen und abtrocknen, die Schale fein abreiben. Alles mit den gerösteten Brotbröseln mischen und auf dem Salat verteilen. Crema di Balsamico mit restlichem Öl verrühren und um den Salat träufeln.

Salat mit Grillpfirsich
und Schinken

ZUTATEN für 4 Personen:
4 reife, aber festfleischige
  Pfirsiche
7 EL Olivenöl
Salz | Pfeffer
1 kleiner Römersalat
1 Bund Rucola
6 Scheiben Parmaschinken
  (ca. 100 g)
2 Stängel Basilikum
3 EL Aceto Balsamico
1 EL Honig

ZUBEREITUNGSZEIT: 25 Min.
PRO PORTION: ca. 275 kcal

1 Die Pfirsiche waschen, halbieren und die Kerne entfernen. Die Pfirsichhälften in je 3 gleich große Spalten schneiden und mit 2 EL Öl, Salz und Pfeffer mischen, sodass sie gleichmäßig mit Öl benetzt sind. Dann die Pfirsichspalten in einer Grillpfanne portionsweise bei starker Hitze pro Seite ca. 1 Min. braten, herausnehmen und abkühlen lassen.

2 Inzwischen den Strunk vom Römersalat abschneiden und den Salat in Blätter teilen. Den Rucola verlesen und grobe Stiele abschneiden. Römersalat und Rucola waschen und trocken schleudern, Römersalat in Streifen schneiden. Die Schinkenscheiben quer halbieren. Basilikum waschen und trocken schütteln, Blätter von den Stängeln zupfen und in Streifen schneiden.

3 Aus Essig, Honig und übrigem Öl ein Dressing rühren, salzen, pfeffern und Basilikum untermischen. Römersalat, Rucola, Pfirsiche und Schinken auf Tellern anrichten, mit dem Dressing beträufeln und sofort servieren.

*Frisch und noch kühl,
geerntet bei Morgentau.
Bald schon gleißen
die ganzen Schätze
des Gartens
in goldenem Sonnenlicht.*

Rote-Bete-Salat
mit Mozzarella und Walnüssen

ZUTATEN für 4 Personen:
8 kleine, junge Rote Beten
6 Zweige Thymian
5 EL Olivenöl
Salz | Pfeffer
1/2 TL Zucker
1 Kugel Mozzarella (125 g)
50 g Walnusskerne
2 Bund Rucola
1 große Möhre
5 Stängel Basilikum
2 TL Honig
3 EL Aceto Balsamico Bianco
2 EL Walnussöl (ersatzweise
   Olivenöl)
Alufolie

ZUBEREITUNGSZEIT: 20 Min.
GARZEIT: 1 Std. 15 Min.
PRO PORTION: ca. 425 kcal

1 Den Backofen auf 200° vorheizen. Von den Roten Beten eventuell die Blätter abschneiden, die Knollen gründlich waschen und abbürsten, die Wurzeln knapp abschneiden. Thymian waschen und trocken schütteln.

2 Einen großen Bogen Alufolie auf der Arbeitsfläche auslegen. Die Roten Beten in die Mitte davon geben, den Thymian dazwischen verteilen. 2 EL Olivenöl darüberträufeln und die Beten mit Salz, Pfeffer und Zucker bestreuen. Die Alufolie darüber zusammenschlagen und so falten, dass sie fest geschlossen ist. Das Päckchen auf den Backrost legen und die Beten im Ofen (Mitte, Umluft 180°) 1 Std.–1 Std. 15 Min. garen. Die Roten Beten sollten weich nachgeben, wenn man sie mit einem Messer anstich. Aus dem Ofen nehmen und in der Folie lauwarm abkühlen lassen.

3 Inzwischen Mozzarella trocken tupfen und in grobe Stücke schneiden, die Walnüsse grob hacken. Den Rucola waschen, trocken schütteln, harte Stiele wegschneiden, die Blätter eventuell kleiner schneiden. Möhre schälen und grob raspeln. Basilikum waschen und trocken schütteln, Basilikumblätter von den Stängeln zupfen und in Streifen schneiden. Den Honig und den Balsamico verrühren, Walnussöl und übriges Olivenöl unterschlagen, die Vinaigrette salzen und pfeffern.

4 Die Roten Beten auspacken, den Garsud unter die Vinaigrette rühren. Den Rucola in der Vinaigrette wenden und auf Tellern verteilen. Die lauwarmen Roten Beten in dünne Spalten schneiden und auf dem Rucola verteilen. Möhre, Mozzarella, Basilikum und Nüsse ebenfalls darüber verteilen, alles leicht salzen und mit Pfeffer grob übermahlen.

***UNGEWÖHNLICHE BEILAGE** – Rote-Bete-Blätter aus dem Wok*
Die Blätter von 2 Bund Roten Beten waschen und trocken schütteln, die Stiele wegschneiden, die Blätter quer in ganz schmale Streifen schneiden. Je 1 gehackte Knoblauchzehe und kleine rote Chilischote mit 3/4 TL Kreuzkümmelsamen im Wok in 2 EL Olivenöl anbraten. Die Rote-Bete-Blätter dazugeben, mit Salz, Pfeffer und 2 Prisen Zucker würzen und unter Rühren bei starker Hitze 2 Min. mitbraten. Dann 2–4 EL Wasser zugeben und die Blätter zugedeckt 3–5 Min. garen, bis sie zusammengefallen und gar sind. Geschmacklich an Spinat erinnernd passen sie gut zu gebratenem Fleisch.

Brotsalat mit Fenchel und Salami

ZUTATEN für 4 Personen:
200 g italienisches Weißbrot
2 Knoblauchzehen
1 TL Fenchelsamen
10 EL Olivenöl
2 große Knollen Fenchel
1 Bund Rucola
2 EL Weißweinessig
1 EL Zitronensaft
Salz | Pfeffer | 1/2 TL Zucker
120 g Fenchelsalami
  (in Scheiben)
12 kleine schwarze Oliven

ZUBEREITUNGSZEIT: 30 Min.
PRO PORTION: ca. 510 kcal

1 Das Brot in ca. 2 cm große Würfel schneiden. Den Knoblauch schälen, Fenchelsamen grob hacken. 5 EL Öl in einer beschichteten Pfanne erhitzen, Brot und Fenchelsamen hineingeben, den Knoblauch durch die Presse dazudrücken. Die Brotwürfel bei geringer Hitze goldgelb rösten. Herausnehmen und auf Küchenpapier abtropfen lassen.

2 Die Fenchelknollen waschen, putzen, vierteln und den Strunk herausschneiden. Die Knollen quer in hauchdünne Scheiben schneiden oder hobeln, das Fenchelgrün fein hacken. Den Rucola waschen und trocken schütteln, grobe Stiele wegschneiden, die Blätter grob schneiden.

3 Den Essig mit dem Zitronensaft verrühren, mit Salz, Pfeffer und Zucker würzen, das übrige Öl unterschlagen. Die Vinaigrette mit dem Fenchel und dem Rucola mischen, dann die Brotwürfel, die Salami und die Oliven unterheben und den Salat servieren.

Weißer Bohnensalat mit Thunfisch

ZUTATEN für 4 Personen:
150 g getrocknete weiße Bohnen
2 Knoblauchzehen
10 Fl. Olivenöl | 1 Lorbeerblatt
3 Zweige Thymian | Salz
12 Paprikaviertel (in Öl eingelegt,
  siehe Seite 67, oder auch fertig
  gekauft)
4 Tomaten | 6 Frühlingszwiebeln
200 g Thunfischfilet (naturell, aus
  dem Glas)
3 EL Zitronensaft | Pfeffer
Chilipulver | 1/2 Bund Petersilie

ZUBEREITUNGSZEIT: 30 Min.
GARZEIT: 1 Std. 30 Min.
  + Abkühlzeit
EINWEICHZEIT: über Nacht
MARINIERZEIT: 10–20 Min.
PRO PERSON: ca. 510 kcal

1 Die Bohnen in reichlich Wasser über Nacht einweichen, das Wasser am nächsten Tag abgießen. Knoblauch schälen, halbieren und mit den Bohnen, 3/4 l Wasser, 2 EL Olivenöl und Lorbeerblatt in einen Topf geben. Thymian waschen und einlegen. Alles zum Kochen bringen, dann die Bohnen zugedeckt bei geringer Hitze in ca. 1 Std. 30 weich garen, erst gegen Ende der Kochzeit salzen. Im Kochwasser abkühlen lassen.

2 Die Paprikaviertel in Stücke schneiden. Die Tomaten waschen und in grobe Würfel schneiden, dabei die Stielansätze entfernen. Die Frühlingszwiebeln waschen, putzen und mit dem Grün in Ringe schneiden. Den Thunfisch abtropfen lassen und in Stücke schneiden.

3 Die Bohnen in ein Sieb abgießen und abtropfen lassen, dabei das Kochwasser auffangen. 80 ml Kochwasser mit Zitronensaft und übrigem Olivenöl mischen, kräftig mit Salz, Pfeffer und Chilipulver würzen. Die Petersilie waschen, trocken schütteln und die Blättchen fein hacken. Alle Zutaten mit der Marinade mischen und möglichst noch 10–20 Min. durchziehen lassen.

Leichte Kräutermousse mit Himbeersalat

ZUTATEN für 4–6 Personen:

Für die Mousse:
500 g Schichtkäse
je 1 Bund Basilikum und
   Schnittlauch
2 Stängel Estragon
Salz | Pfeffer
edelsüßes Paprikapulver
1 Eiweiß (M, ganz frisch!)
200 g Sahne
1 Pck. Sahnesteif

Für den Salat:
1 TL Honig
1 TL Dijon-Senf
2 EL Himbeeressig (siehe
   Seite 167, ersatzweise
   Weißweinessig)
Salz | Pfeffer
3 EL Sonnenblumenöl
2 EL Haselnussöl
1 Stängel Liebstöckel
1 kleiner Eichblattsalat
1 kleine Salatgurke
125 g Himbeeren

ZUBEREITUNGSZEIT: 45 Min.
ABTROPFZEIT: 20 Std.
PRO PORTION (bei 6 Personen)·
   ca. 300 kcal

1 Für die Mousse den Schichtkäse in ein feines Sieb geben, das Sieb in eine Schüssel hängen und den Käse über Nacht zugedeckt im Kühlschrank abtropfen lassen.

2 Am nächsten Tag Kräuter waschen und trocken schütteln. Basilikum- und Estragonblättchen von den Stängeln zupfen und fein hacken, Schnittlauch in Röllchen schneiden und alles unter den abgetropften Käse rühren (das Sieb säubern). Kräftig mit Salz, Pfeffer und Paprika würzen.

3 Zuerst das Eiweiß mit 1 Prise Salz mit den Schneebesen des Handrührgerätes steif schlagen, dann die Sahne mit dem Sahnesteif steif schlagen. Beides vorsichtig und gleichmäßig unter die Käse-Kräuter-Masse heben. Ein sauberes Mull- oder Küchentuch in das gesäuberte Sieb legen und die Kräutermoussemasse hineinfüllen. Zudecken, in eine Schüssel hängen und erneut mindestens 8 Std. (oder auch über Nacht) abtropfen lassen.

4 Am nächsten Tag für den Salat Honig, Senf und Essig verrühren, mit Salz und Pfeffer würzen, beide Ölsorten gründlich unterschlagen. Den Liebstöckel waschen und trocken schütteln, die Blättchen von den Stängeln zupfen, in feine Streifen schneiden und unter die Vinaigrette mischen.

5 Den Strunk vom Salat schneiden, dann den Salat in einzelne Blätter zerteilen, waschen und trocken schleudern. Die Gurke schälen, längs halbieren und quer in schmale Scheiben schneiden. Salat und Gurke in einer Schüssel mit der Vinaigrette mischen, die Himbeeren darübergeben. Die Mousse auf eine Platte stürzen und zum Salat servieren. Dazu passt ofenfrisches Brot.

Möhrensalat mit Minze-Joghurt-Dressing

1 Die Möhren schälen und auf einer Rohkostreibe fein raspeln. Den Weiß-weinessig mit Salz, Pfeffer und Kreuzkümmel würzen, das Olivenöl unter-schlagen. Die Möhrenraspel mit der Sauce in einer Schüssel mischen und 5 Min. ziehen lassen.

2 Inzwischen Joghurt, saure Sahne und den Orangensaft miteinander glatt rühren. Die Minze waschen und trocken schütteln, die Blättchen von den Stängeln zupfen, fein hacken und unter die Joghurtcreme rühren.

3 Die Möhren mit der Joghurtcreme mischen und den Salat möglichst noch mal 10–15 Min. durchziehen lassen (idealerweise im Kühlschrank, so erfrischt der Salat richtig!), dann servieren.

TIPP – Noch was für obendrauf?
Wer noch etwas Knuspriges auf dem Salat mag, kann 3 EL Sonnenblumen-kerne in einer Pfanne ohne Fett goldbraun rösten. Die Kerne kühlen ab, während der Salat im Kühlschrank zieht, und werden dann einfach kurz vor dem Servieren darübergestreut.

ZUTATEN für 4 Personen:
600 g Möhren
1 EL Weißweinessig
Salz | Pfeffer
2 Msp. gemahlener Kreuz-
  kümmel
2 EL Olivenöl
150 g Naturjoghurt
2 EL saure Sahne
5 EL Orangensaft
2 Stängel Minze

ZUBEREITUNGSZEIT: 20 Min.
MARINIERZEIT: 10–15 Min.
PRO PORTION: ca. 110 kcal

Tomatensalat
mit Frühlingszwiebeln

1 Die Tomaten waschen und quer in Scheiben schneiden, die Scheiben längs halbieren, dabei die Stielansätze wegschneiden. Oregano waschen und trocken schütteln, die Blättchen von den Stängeln zupfen und fein hacken. Die Frühlingszwiebeln waschen, putzen und mit dem Grün schräg in schmale Ringe schneiden.

2 Balsamico mit Salz, Pfeffer und Zucker würzen, dann das Öl mit einer Gabel so lange kräftig unterschlagen, bis ein leicht cremiges Dressing entstanden ist. Die Hälfte des Oreganos unterrühren.

3 Die Tomaten mit dem Dressing mischen und auf Tellern anrichten. Den übrigen Oregano und die Frühlingszwiebelringe darüberstreuen, eventuell den Salat noch mit etwas Salz und Pfeffer überstreuen.

ZUTATEN für 4 Personen:
5 Fleischtomaten
5 Stängel Oregano
2 Frühlingszwiebeln
2 EL Aceto Balsamico
Salz | Pfeffer
1 Prise Zucker
5 EL Olivenöl

ZUBEREITUNGSZEIT: 20 Min.
PRO PORTION: ca. 145 kcal

Gurkensalat
mit Borretschsahne

1 Die Gurken gründlich waschen und die Schale mit einem Sparschäler so abziehen, dass immer noch ein Streifen Schale zwischen zwei geschälten Streifen Gurke stehen bleibt. Anschließend die Gurken in feine Scheiben schneiden oder auf dem Gemüsehobel in Scheiben hobeln.

2 Die saure Sahne mit der Sahne glatt rühren und Essig und Öl gründlich unterrühren. Mit Salz und Pfeffer würzen. Die Borretschblätter waschen und trocken tupfen, eventuell längs halbieren, dann quer in feine Streifen schneiden und unter die Sahnesauce rühren.

3 Die Gurken mit der Sahnesauce mischen und 10–15 Min. ziehen lassen. Vor dem Servieren nochmals durchmischen und eventuell mit Borretschblüten bestreuen.

ZUTATEN für 4 Personen:
2 Bio-Salatgurken
120 g saure Sahne
3 EL Sahne
2 EL Weißweinessig
1 EL Olivenöl
Salz | Pfeffer
8 große Borretschblätter
einige Borretschblüten zum
  bestreuen (nach Belieben)

ZUBEREITUNGSZEIT: 10 Min.
MARINIERZEIT: 10–15 Min.
PRO PORTION: ca. 105 kcal

Knusprige Ricotta-Kräuter-Tarte

ZUTATEN für 1 Tarteform
(26 cm Ø), 12 Stück:

Für den Teig:
250 g Mehl
1/2 TL Salz
150 g kalte Butter
1 Eigelb (M)
2 EL Weißweinessig

Für den Belag:
200 g Schalotten
1 Knoblauchzehe
1/2 Bund Majoran
10 Zweige Thymian
2 EL Olivenöl
4 Eier (M)
500 g Ricotta
Salz | Pfeffer
Chilipulver
1 Eiweiß (M)
Butter für die Form
Mehl zum Arbeiten
Hülsenfrüchte zum Blind-
backen

ZUBEREITUNGSZEIT: 40 Min.
RUHEZEIT: 30 Min.
BACKZEIT: 30–35 Min.
PRO STÜCK: ca. 305 kcal

1 Für den Teig das Mehl und Salz in einer großen Schüssel mischen. Die Butter in Flöckchen dazugeben und alles mit einem Messer zerhacken. Das Eigelb dazugeben und ebenfalls mithacken. Essig darüberträufeln, dann die Mischung mit den Händen erst möglichst schnell bröselig zerreiben, dann zu einem glatten Teig kneten. Den Teig in Frischhaltefolie wickeln und mind. 30 Min. im Kühlschrank ruhen lassen.

2 Für den Belag Schalotten und Knoblauch schälen und fein würfeln. Die Kräuter waschen und trocken schütteln, Blättchen von den Zweigen zupfen und fein hacken. Das Öl in einer Pfanne erhitzen, darin die Schalotten und den Knoblauch bei mittlerer Hitze langsam goldgelb andünsten. Vom Herd nehmen, die Kräuter unterrühren und etwas abkühlen lassen.

3 Den Backofen auf 180° (Umluft 160°) vorheizen. Eine Tarteform (eine Springform geht auch) mit Butter einfetten. Den Teig auf einer mit Mehl bestäubten Arbeitsfläche dünn ausrollen und die Form damit auslegen, dabei einen Rand hochziehen. Den Teigboden mit einer Gabel mehrmals einstechen und mit Backpapier auslegen, Hülsenfrüchte darauf verteilen. Form in den Ofen (Mitte) schieben, den Teigboden ca. 20 Min. vorbacken.

4 Inzwischen 1 Ei trennen, Eigelb und übrige 3 Eier gründlich mit dem Ricotta verrühren. Die Zwiebel-Kräuter-Mischung untermengen und die Masse nicht zu sparsam mit Salz, Pfeffer und etwas Chilipulver würzen. Die 2 Eiweiße mit 1 Prise Salz steif schlagen und unter die Ricottamasse heben.

5 Die Form aus dem Ofen nehmen, Backpapier samt Hülsenfrüchten abnehmen und die Ricottamasse gleichmäßig auf den Teig verteilen. Dann die Tarte im Ofen (Mitte) 30–35 Min. backen, bis sie leicht gebräunt und fest ist. Sie schmeckt warm genauso gut wie kalt.

TIPP – Richtig sommerbunt wird die Quiche, ...
... wenn man sie abgekühlt mit marinierten Paprikavierteln (siehe Seite 67) belegt – fächerförmig überlappend und farblich abwechselnd.

Leichte Gemüseflans

1 Gemüse waschen oder schälen, putzen und in kleine Stücke schneiden. Schalotte schälen und fein würfeln. 2 EL Butter in einem Topf schmelzen, darin die Schalotte goldgelb andünsten. Das Gemüse dazugeben, mit Salz, Pfeffer und Muskat würzen, dann die Brühe dazugießen. Das Gemüse zugedeckt je nach Sorte 10–15 Min. bei mittlerer Hitze kochen, bis es gar ist.

2 Das Gemüse in ein Sieb abgießen (Brühe dabei auffangen, sie schmeckt wunderbar als Suppe mit einer Einlage!). Das Gemüse abtropfen lassen, dabei so viel Brühe wie möglich mit einem Löffel herauspressen.

3 Den Backofen auf 160° vorheizen (Ober- und Unterhitze nehmen, Umluft ist hier nicht empfehlenswert). Reichlich Wasser (im Wasserkocher) aufkochen. Die Förmchen mit übriger Butter einfetten. Gemüse mit einem Pürierstab möglichst fein pürieren. Eier und Sahne kräftig verrühren, aber nicht schaumig schlagen (sonst bilden sich später zu viele Luftbläschen), dann gründlich unter das Püree rühren. Die Gemüsemasse mit Salz und Pfeffer abschmecken und in die Förmchen füllen.

4 Die Förmchen auf ein tiefes Backblech stellen und so viel heißes Wasser aufs Blech gießen, dass die Förmchen bis etwa zur Hälfte darin stehen. In den Ofen (Mitte) schieben und die Flans in ca. 40 Min. stocken lassen. Dabei darauf achten, dass das Wasser immer nur leicht siedet, nicht kocht. Die fertigen Gemüseflans kurz abkühlen lassen, dann servieren. Nach Belieben zuvor die Flans mit einem kleinen Messer vom Förmchenrand lösen und auf Teller stürzen.

ZUTATEN für 6 ofenfeste Förmchen (je ca. 125 ml Inhalt):
600 g gemischtes Gemüse (z. B. Möhren, Zucchini und Kohlrabi)
1 Schalotte
3 EL Butter
Salz | Pfeffer
frisch geriebene Muskatnuss
200 ml Gemüsebrühe
4 Eier (M)
200 g Sahne

ZUBEREITUNGSZEIT: 45 Min.
GARZEIT: 40 Min.
PRO STÜCK: ca. 220 kcal

TIPP – Flans mit Gemüse nach Wunsch

Anstelle von gemischtem Gemüse eignen sich folgende Gemüsesorten auch solo – einfach nach Gusto auswählen und wie oben beschrieben in Brühe garen: Spinat, Rote Bete (etwas gehackten Dill unter die Flanmasse rühren), Möhren (Flanmasse zusätzlich mit ca. 1 TL gemahlenem Kreuzkümmel abschmecken), Zucchini (mit 1 TL gehacktem Thymian in der Brühe garen).

*Pralle Auberginen,
leuchtend rote Tomaten und
dunkelgrüne Zucchini –
geballte Sonnenkraft
und intensiver Geschmack
von Sommer und Süden.*

Ratatouille
mit Salzzitronen

ZUTATEN für 6 Personen:
1 kg Tomaten (ersatzweise
   800 g passierte Tomaten aus
   der Dose)
1 große Zwiebel
3 Knoblauchzehen
10 EL Olivenöl
1 Lorbeerblatt
Salz | Pfeffer
1–2 Prisen Zucker
3 Paprikaschoten (2 rote und
   1 grüne)
3 Zucchini
2 große Auberginen
3 Salzzitronen (siehe Seite 239,
   wer möchte, kann sie aber auch
   weglassen)
1/3 Bund Petersilie

ZUBEREITUNGSZEIT: 50 Min.
SCHMORZEIT: 30 Min.
PRO PORTION: ca. 100 kcal

1 Die Tomaten waschen, kreuzweise einritzen und mit kochend heißem Wasser übergießen, dann häuten und in kleine Stücke schneiden, dabei die Stielansätze entfernen und den ablaufenden Saft auffangen. Zwiebel und Knoblauch schälen und getrennt fein würfeln.

2 In einem Topf 2 EL Olivenöl erhitzen. Die Zwiebel und ein Drittel des Knoblauchs darin andünsten, dann die Tomaten samt Saft mit dem Lorbeerblatt unterrühren, salzen und pfeffern. Offen bei kleiner bis mittlerer Hitze ca. 40 Min. köcheln lassen. Dabei immer wieder umrühren, damit möglichst viel Flüssigkeit verdunstet und eine dicke, sämige Sauce entsteht. Gegen Garzeitende die Tomatensauce mit Zucker abschmecken.

3 Inzwischen die Paprikaschoten halbieren, putzen, waschen und in ca. 4 cm große Stücke schneiden. Die Zucchini waschen, putzen und längs vierteln, die Viertel quer in 1 cm dicke Scheiben schneiden. Auberginen waschen, Stielansätze wegschneiden, dann die Auberginen längs vierteln und quer in ca. 3 cm breite Stücke schneiden.

4 In einer großen Pfanne 2 EL Öl richtig heiß werden lassen. Darin die Hälfte der Auberginen hellbraun anbraten. Etwas vom übrigen Knoblauch untermischen, salzen und pfeffern. 2–4 EL Wasser dazugeben, umrühren und das Wasser verkochen lassen (so garen die Auberginen, ohne dass noch mehr Öl zugegeben werden muss). Weiterbraten, bis die Auberginen bissfest sind, dann herausnehmen. Die übrigen Auberginen genauso braten. Für die Zucchini und die Paprika ebenfalls je 2 EL Öl richtig heiß werden lassen, das Gemüse darin braten, bis es leicht bräunt, Knoblauch zugeben, salzen, pfeffern, unter Rühren kurz weiterbraten, dann herausnehmen.

5 Salzzitronen vierteln, das Innere mit einem Löffel herauskratzen und wegwerfen. Die Schale in nicht zu schmale Streifen oder Stücke schneiden und mit dem gebratenen Gemüse unter die Tomatensauce rühren. Zugedeckt bei geringer Hitze alles noch mal gut 30 Min. schmoren, dabei ab und zu umrühren. Dann das Ratatouille mit Salz und Pfeffer abschmecken. Petersilie waschen und trocken schütteln, die Blättchen von den Stängeln zupfen, grob hacken und unter das fertige, eventuell auch lauwarm abgekühlte Ratatouille mischen.

Lime-Cheesecake ohne Backen

ZUTATEN für 1 Springform (26 cm Ø), 12 Stück:
120 g Butterkekse
50 g Cantuccini (italienische Mandelkekse)
125 g Butter
1 Pck. Vanillezucker
5 Blatt weiße Gelatine
500 g Magerquark
250 g Mascarpone
100 g Puderzucker
2 EL Kirschwasser (nach Belieben)
3 Bio-Limetten
300 g Sahne

ZUBEREITUNGSZEIT: 25 Min.
KÜHLZEIT: 3 Std.
PRO STÜCK: ca. 385 kcal

1 Die Butterkekse und die Cantuccini in einen Gefrierbeutel geben und mit dem Nudelholz darüberrollen, bis die Kekse fein zerbröselt sind (oder im Blitzhacker zerkleinern). Butter schmelzen und mit den Keksbröseln und dem Vanillezucker verrühren und mit den Händen leicht zusammenkneten. Den Boden der Springform mit Backpapier auslegen und mit dem Formrand einspannen. Keksmasse auf dem Boden verteilen und mit den Fingern gleichmäßig dick festdrücken, dann in den Kühlschrank stellen.

2 Die Gelatine ca. 5 Min. in kaltem Wasser einweichen. Quark, Mascarpone, Puderzucker und nach Belieben das Kirschwasser glatt rühren. Die Limetten heiß waschen, abtrocknen und von 2 Limetten die Schale fein abreiben, den Saft aller Limetten auspressen.

3 Gelatine in einem Töpfchen bei geringer Hitze auflösen, Limettensaft unterrühren. 4–5 EL Quarkcreme zügig nacheinander unter die Gelatine rühren, dann die Gelatine gründlich unter die übrige Quarkcreme rühren. Die Sahne steif schlagen und mit der Limettenschale unter die Quarkcreme heben. Die Masse auf dem Krümelboden verteilen und glatt streichen. Den Kuchen zugedeckt in ca. 3 Std. im Kühlschrank fest werden lassen.

EXTRA FEIN – Fruchtiges zum Cheesecake

Für eine **gekochte Beerensauce** 500 g Himbeeren verlesen oder 500 g rote Johannisbeeren waschen und die Beeren von den Rispen streifen. Beeren mit 3 EL Zucker und eventuell 2 EL Cassislikör oder Kirschwasser in einen Topf geben und unter Rühren kurz aufkochen. Vom Herd nehmen und mit dem Pürierstab pürieren, durch ein feines Sieb streichen, abkühlen lassen. Für eine **Sauce ohne Kochen** einfach 500 g klein geschnittene Erdbeeren mit 3 EL Puderzucker und 2 Msp. Vanillemark fein pürieren. Die Beerensauce zum Cheesecake servieren.
Für einen **Limettensirup** 1 Bio-Limette heiß waschen und abtrocknen, die Schale mit einem Zestenreißer fein abziehen, den Saft auspressen. 100 g Zucker mit 200 ml Wasser bei starker Hitze unter Rühren in 8–10 Min. sirupartig einkochen, dabei nach ca. 5 Min. Limettensaft und -schale dazugeben. Den Sirup abkühlen lassen und über den Kuchen träufeln.

Wassermelonen-Granita mit Minze

1 Den Zucker mit 200 ml Wasser in einen kleinen Topf geben und unter Rühren kochen lassen, bis sich der Zucker vollständig gelöst hat. Dann den Sirup vom Herd nehmen und abkühlen lassen.

2 Die Melone achteln, die Schale wegschneiden und möglichst alle Kerne aus dem Fruchtfleisch entfernen. Das Fruchtfleisch mit dem Pürierstab fein pürieren und durch ein feines Sieb streichen. Saft der Limette auspressen.

3 Das Melonenpüree mit dem abgekühlten Sirup und dem Limettensaft vermischen und in eine möglichst flache Gefrierbox geben. Geschlossen ca. 2 Std. im Tiefkühlfach anfrieren lassen. Sobald die Fruchtmasse an den Rändern breiig gefriert, alles gut mit einer Gabel durchrühren. Dann die Granita weitere 2–3 Std. gefrieren, dabei alle 30 Min. umrühren.

4 Vor dem Servieren die Minze waschen und trockenschütteln, die Blättchen von dem Stängel zupfen und in feine Streifen schneiden. Minze unter die Granita rühren und jeweils etwas Granita in ein Glas füllen.

ZUTATEN für 8 Personen:
200 g Zucker
1 Wassermelone (2 1/2–3 kg)
1/2 Limette
1 Stängel Minze

ZUBEREITUNGSZEIT: 20 Min.
GEFRIERZEIT: 4–5 Std.
PRO PORTION: ca. 205 kcal

*VARIANTEN – **mit und ohne Schuss***
Die Wassermelonen-Granita schmeckt auch toll, wenn man ein Gläschen Wodka, weißen Rum oder Campari über jede Portion gießt. Und für alle, die es lieber mit Null-Promille mögen: Etwas Melonen-Granita in ein Sektglas oder eine Sektschale geben, ein wenig Grenadinesirup darüberträufeln und seitlich mit Mineralwasser aufgießen.

Johannisbeersorbet mit Cassis

1 Den Zucker mit 1/4 l Wasser in einen kleinen Topf geben und unter Rühren ca. 2 Min. kochen lassen, bis sich der Zucker vollständig gelöst hat. Dann den Sirup vom Herd nehmen und abkühlen lassen.

2 Die Johannisbeeren waschen, verlesen und von den Rispen zupfen. Anschließend die Beeren mit dem Pürierstab pürieren und durch ein feines Sieb streichen oder durch ein Passiergerät pressen.

3 Das Püree mit 150 ml Sirup, Sahne, Zitronensaft und eventuell Likör vermischen. Eiweiße leicht steif schlagen und unter das Püree heben. Dann die Masse in einer Eismaschine nach Betriebsanleitung gefrieren lassen.

ZUTATEN für 12 Personen:
250 g Zucker
400 g rote Johannisbeeren
50 g Sahne
1 EL Zitronensaft
2 EL Cassis (Johannisbeerlikör; nach Belieben)
2 Eiweiß (M, ganz frisch!)

ZUBEREITUNGSZEIT: 30 Min.
 + Gefrierzeit
PRO PORTION: ca. 115 kcal

Joghurteis mit bunten Beeren

1 Die Himbeeren und Heidelbeeren vorsichtig waschen und verlesen. Dann die Beeren mit dem Pürierstab pürieren und durch ein feines Sieb streichen oder durch ein Passiergerät pressen.

2 Etwas Püree mit Zitronensaft, Zucker und Vanillezucker verrühren, bis sich der Zucker vollständig gelöst hat. Dann mit dem übrigen Püree, der Sahne und dem Joghurt gut verrühren oder einmal mit dem Pürierstab kurz durchmixen. Die Masse in einer Eismaschine nach Betriebsanleitung gefrieren lassen.

SCHÖN IN FORM – Eis am Stiel: Dafür kann man das fertige, weiche Eis aus der Eismaschine in spezielle Eisförmchen füllen (oder in kleine Silikon-Muffin-Förmchen und Holzstiele hineinstecken) und dann im Tiefkühlfach noch richtig durchfrieren lassen.

ZUTATEN für 8–10 Personen:
250 g Himbeeren
50 g Heidelbeeren
1 EL Zitronensaft
100 g feiner Zucker
1 EL Vanillezucker
50 g Sahne
350 g Naturjoghurt

ZUBEREITUNG: 15 Min.
 + Gefrierzeit
PRO PORTION (bei 10 Personen):
 ca. 90 kcal

*Glitzernde Wellen auf dem See,
Stille, kein Lüftchen regt sich,
faules Träumen im Schatten,
dann der erlösende Sprung
ins kühle Wasser!*

Sahniges
Lavendel-Honig-Eis

ZUTATEN für 10 Personen:
300 ml Milch
250 g Sahne
1 EL getrocknete Lavendelblüten
4 Eigelb (M, ganz frisch!)
120 g (Lavendel-)Blütenhonig
1 gestr. TL Speisestärke

ZUBEREITUNGSZEIT: 25 Min.
+ Abkühlzeit + Gefrierzeit
PRO PORTION: ca. 165 kcal

1 Milch, 100 g Sahne und die Lavendelblüten in einen Topf geben und bei mittlerer Hitze ca. 5 Min. köcheln lassen. Inzwischen die Eigelbe und den Honig mit den Schneebesen des Handrührgeräts aufschlagen, bis die Masse dick-weißlich ist. Zum Schluss die Stärke gründlich unterrühren.

2 Die heiße Lavendelmilch durch ein feines Sieb gießen, auffangen und sofort nach und nach zur Eiermasse geben und gründlich unterschlagen. Die gerührte Ei-Milch-Mischung dann in einen Topf gießen. Bei geringer bis mittlerer Hitze so lange erhitzen, bis die Masse leicht cremig andickt, dabei ständig mit einem Schneebesen durchrühren. Gut aufpassen, dass die Masse nicht zu kochen beginnt, sonst stockt das Eigelb.

3 Die übrige Sahne unter die Lavendelcreme rühren und die Creme zugedeckt im Kühlschrank abkühlen lassen. Die abgekühlte Masse anschließend in einer Eismaschine nach Bedienungsanleitung gefrieren lassen. In eine Gefrierbox umfüllen und nochmals mindestens 2 Std. durchfrieren lassen.

Zartschmelzendes
Erdbeereis

ZUTATEN für 10 Personen:
300 g Erdbeeren
1/2 Zitrone
80 g feiner Zucker
150 g Sahne
100 ml Milch

ZUBEREITUNG: 15 Min.
+ Gefrierzeit
PRO PORTION: ca. 95 kcal

1 Die Erdbeeren waschen und gut abtropfen lassen, Kelchblätter abzupfen und unschöne Stellen wegschneiden. Die Beeren grob schneiden und mit dem Pürierstab fein pürieren.

2 Den Saft der Zitrone auspressen und mit dem Zucker verrühren, zu den Erdbeeren geben und alles verrühren, bis sich der Zucker vollständig aufgelöst hat. Dann die Sahne und die Milch dazugeben und die Masse einmal gut mit dem Pürierstab durchmixen. Die Masse in einer Eismaschine nach Betriebsanleitung gefrieren lassen.

Beeren
träume

Beerenterrine
mit Dickmilchcreme

ZUTATEN für 1 Kastenform
(ca. 1 l Inhalt), 6–8 Personen:

Für die Terrine:
je 200 g rote Johannisbeeren,
 Erdbeeren, Himbeeren, Brombeeren und Heidelbeeren
1/4 l schwarzer Johannisbeernektar
80–100 g Zucker
2 Pck. Agar-Agar (20 g, pflanz-
 liches Geliermittel, aus dem
 Bioladen oder Reformhaus)
4 EL Cassis (Johannisbeerlikör,
 nach Belieben)
15 Löffelbiskuits
Frischhaltefolie

Für die Creme:
200 g Dickmilch
3–4 EL Zucker
200 g Sahne
3 EL Amaretto (nach Belieben)

Für die Deko:
200 g gemischte Beeren
 (Sorten siehe oben)

ZUBEREITUNGSZEIT: 40 Min.
KÜHLZEIT: 12 Std.
PRO PORTION (bei 8 Personen):
 ca. 300 kcal

1 Für die Terrine die Beeren vorsichtig waschen und verlesen. Johannisbeeren von den Rispen zupfen, die Kelchblätter aus den Erdbeeren drehen,
kleine Erdbeeren vierteln, große in Stückchen schneiden. Den Johannisbeernektar mit Zucker und Agar-Agar in einen großen Topf geben und
unter Rühren aufkochen. 2 Min. sprudelnd kochen lassen, dann die Beeren
dazugeben. Noch mal kurz aufkochen, dann nach Belieben den Likör unterrühren und den Topf vom Herd nehmen. Die Masse abkühlen lassen – dabei
nicht zu lange warten, denn sie sollte noch nicht zu gelieren beginnen.

2 Inzwischen eine Kastenform mit Frischhaltefolie auslegen (dabei an
den beiden Endseiten ca. 15 cm länger lassen). 10 Löffelbiskuits mit etwas
Abstand zueinander aufrecht ringsum an die Wände der Form stellen. Die
Hälfte der Beerenmasse einfüllen, die übrigen Löffelbiskuits dicht an dicht
darauflegen (eventuell dazu zurechtschneiden), darauf die übrige Beerenmasse füllen. Mit der überhängenden Folie abdecken, ein Brett auf die
Form legen und so zugedeckt 12 Std. (am besten über Nacht) in den Kühlschrank stellen und die Terrrine fest werden lassen.

3 Für die Creme die Dickmilch mit Zucker glatt rühren. Die Sahne nur
leicht an-, nicht völlig steif schlagen und unter die Dickmilch rühren. Nach
Geschmack noch etwas süßen und eventuell den Amaretto unterrühren.

4 Für die Deko die gemischten Beeren vorsichtig waschen, putzen und
trocken tupfen. Die Beerenterrine auf eine Platte stürzen und die Folie abziehen. Die Terrine mit den vorbereiteten Beeren und der Dickmilchcreme
anrichten und servieren.

VARIANTE – rote Beerengrütze
Dafür nur die Hälfte der Beeren nehmen (reicht für 6 Personen) und wie
oben beschrieben vorbereiten. 1/2 l Johannisbeernektar mit dem Mark von
1 Vanilleschote und 40–50 g Zucker im Topf aufkochen. 3 EL Speisestärke
mit 3–4 EL kaltem Wasser glatt rühren, in den kochenden Saft gießen und
unter Rühren aufkochen lassen. Die Beeren hineingeben, den Topf vom
Herd nehmen, eventuell 3–4 EL Cassis unter die Grütze rühren und diese
gut abkühlen lassen. Dazu schmeckt ebenfalls die Dickmilchcreme.

Pfannkuchen
mit Süßkirschen

1 Das Mehl mit dem Vanillezucker in einer Schüssel mischen. Die Milch dazugießen und alles mit dem Schneebesen zu einem glatten Teig ohne Klümpchen verrühren. 2 Eier trennen, die Eiweiße zugedeckt im Kühlschrank beiseitestellen. Die Eigelbe und die übrigen Eier gründlich unter den Teig rühren. Die Butter schmelzen lassen und ebenfalls unterrühren. Den Teig zugedeckt 1 Std. quellen lassen.

2 Die Kirschen waschen und entstielen, nach Wunsch mit einem Kirschentkerner entkernen (aber nicht halbieren!) und mit 2 EL Zucker mischen. Die Eiweiße mit dem Salz steif schlagen und locker unter den Teig heben.

3 Eine große beschichtete Pfanne (ca. 26 cm Ø) dünn mit Öl ausstreichen. Ca. 2 Schöpfkellen Teig in die Pfanne geben und bei mittlerer Hitze backen, bis die Ränder fest werden, aber der Pfannkuchen innen noch flüssig ist. Dann ein Drittel der Kirschen auf dem weichen Pfannkuchen verteilen und noch ein wenig Teig darübergeben (nicht viel, die Kirschen sollen nicht bedeckt sein). Mit ca. 1 TL Zucker bestreuen und noch etwas weiterbacken, bis der Pfannkuchen oben fest und unten goldbraun wird.

4 Sobald der Pfannkuchen fest genug ist, mit Hilfe eines Pfannenwenders auf einen großen, flachen Teller gleiten lassen. Einen zweiten Teller darauflegen, beide Teller festhalten und zusammen wenden. Dann Pfannkuchen vom Teller wieder zurück in die Pfanne gleiten lassen. Jetzt die Seite mit den Kirschen noch so lange backen (ca. 3 Min.), bis der Teig vollständig durchgebacken ist und die Kirschen leicht karamellisieren.

5 Den Pfannkuchen mit der Kirschseite nach oben auf einen großen Teller stürzen, nach Wunsch zuckern, portionieren und möglichst warm servieren. Auf diese Weise nacheinander noch weitere 2 Pfannkuchen backen, dazwischen die Pfanne immer wieder gut mit Küchenpapier säubern.

ZUTATEN für 4 Personen
(3 Stück):
250 g Mehl
1 Pck. Vanillezucker
400 ml Milch
5 Eier (M)
2 EL Butter
750 g kleine, dunkle Süßkirschen
4 EL Zucker
1 Prise Salz
Öl für die Pfanne
Zucker zum Bestreuen

ZUBEREITUNGSZEIT: 40 Min.
QUELLZEIT: 1 Std.
PRO PORTION: ca. 650 kcal

Buttermilchkaltschale mit Stachelbeerkompott

ZUTATEN für 4–6 Personen:

Für das Kompott:
400 g rote Stachelbeeren
1 Stück frischer Ingwer
  (ca. 2 cm)
2 TL Speisestärke
150 ml roter Traubensaft
50 g Zucker
150 ml Weißwein
1/2 Zimtstange

Für die Kaltschale:
2 EL Butter
5 EL Mandelblättchen
1 1/2 EL Zucker
500 g Buttermilch
250 g Sahne-Naturjoghurt
2 EL Zitronensaft
Mark von 1 Vanilleschote
50 g Puderzucker
1 Pck. Instant-Vanillesaucen-
  pulver (zum Kaltanrühren)

ZUBEREITUNGSZEIT: 30 Min.
PRO PORTION (bei 6 Personen):
  ca. 335 kcal

1 Für das Kompott die Stachelbeeren waschen, Stiel- und Blütenansätze abzupfen. Den Ingwer schälen und möglichst fein würfeln. Die Speisestärke mit ca. 4 EL Traubensaft verrühren.

2 Den Zucker in einen Topf streuen und bei mittlerer Hitze hellbraun karamellisieren lassen. Gut die Hälfte des Weißweins dazugießen und bei starker Hitze unter Rühren kochen lassen, bis sich der Karamell aufgelöst hat. Dann übrigen Wein, restlichen Saft, Ingwer und die Zimtstange dazugeben und aufkochen lassen. Die Stärke einrühren und alles 3–4 Min. bei mittlerer Hitze leicht kochen lassen.

3 Die Stachelbeeren mit in den Topf geben und 2–3 Min. ganz leicht mitkochen lassen, sie sollten möglichst nicht aufplatzen. Den Topf vom Herd nehmen, das Kompott sofort in eine Schüssel umfüllen, abkühlen lassen.

4 Inzwischen für die Kaltschale die Butter in einem kleinen Pfännchen aufschäumen lassen. Die Mandeln dazugeben und bei mittlerer Hitze leicht bräunen. Den Zucker darüberstreuen, die Mandeln nochmals gut durchschwenken, dann auf ein Küchenpapier geben.

5 Buttermilch, Joghurt, Zitronensaft, Vanillemark, Puderzucker und das Saucenpulver in ein hohes Rührgefäß geben und mit dem Pürierstab gut durchmixen. Die Kaltschale auf tiefe Teller oder in Schälchen verteilen und jeweils etwas von dem lauwarmen oder kalten Kompott daraufgeben. Jetzt noch mit Mandeln bestreuen und löffelweise genießen!

Ofenpfirsiche mit luftiger Sabayon

ZUTATEN für 4 Personen:

4 reife, aber festfleischige
  Pfirsiche
1 Vanilleschote
2 Sternanise
1/2 Zimtstange
1 Stück Bio-Zitronenschale
  (ca. 5 cm)
6 EL Amaretto (ersatzweise
  3–4 Tropfen Bittermandelöl)
3 EL Blütenhonig
1/4 l Weißwein
2 Stängel Zitronenmelisse
3 EL Mandelblättchen
5 EL Zucker
4 Eigelb (M, ganz frisch!)
1 Bratschlauch

ZUBEREITUNGSZEIT: 45 Min.
GARZEIT: 15 Min.
PRO PORTION: ca. 330 kcal

1 Den Backofen auf 180° (Umluft 160°) vorheizen. Die Pfirsiche waschen, kreuzweise einritzen, mit kochend heißem Wasser übergießen, dann mit kaltem Wasser abschrecken, häuten, halbieren und die Kerne herauslösen.

2 Vanilleschote längs aufschlitzen, das Mark herauskratzen. Beides mit Sternanisen, Zimtstange, Zitronenschale, 3 EL Amaretto, Honig und 150 ml Wein verrühren, bis sich der Honig gelöst hat. Melisse waschen, trocken schütteln, Blättchen abzupfen und die Hälfte davon zum Wein geben.

3 Die Mandelblättchen mit 2 EL Zucker in einer beschichteten Pfanne bei mittlerer Hitze rösten, bis der Zucker nur leicht zu karamellisieren beginnt und die Blättchen anfangen zusammenzukleben. Dann die Mandeln sofort aus der Pfanne nehmen.

4 Die Pfirsiche in einen Bratschlauch geben und die Weinmischung dazugießen. Den Bratschlauch nach Packungsanweisung verschließen und einschneiden. Dann auf ein kaltes Backblech legen und die Pfirsiche im Ofen (Mitte) ca. 15 Min. garen. Herausnehmen, aus dem Bratschlauch in eine Schüssel geben und zugedeckt warm halten.

5 Vom heißen Garsud 100 ml abnehmen und mit Eigelben, restlichem Wein und Amaretto und übrigem Zucker in einer Schüssel (am besten aus Metall und mit rund gewölbtem Boden) verrühren. Die Schüssel in einen Topf über leicht kochendes Wasser hängen und die Mischung mit dem Schneebesen in ca. 5 Min. zu einer schaumigen, cremigen Masse schlagen. Dabei die Masse nicht zu heiß werden lassen, sonst stockt das Eigelb.

6 Dann die Schüssel in ein kaltes Wasserbad stellen und die Sabayon in 2–3 Min. kalt schlagen. Sabayon in Dessertschalen füllen, je zwei warme Pfirsichhälften (wer mag, kann die Hälften auch noch teilen) hineinsetzen und mit den Mandeln und den übrigen Melisseblättchen bestreuen.

TIPP – Ofenpfirsiche mal anders serviert
Statt mit der Sabayon schmecken die Pfirsiche ebenfalls toll mit Lavendeleis (siehe Seite 139) oder Vanilleeis. Wer möchte, kann die Früchte auch im Sud abkühlen lassen und als Kompott essen.

Schweizer Meringen mit Beeren und Sahne

1 Die Eiweiße und den Zucker in eine Schüssel (am besten aus Metall und mit rund gewölbtem Boden) geben und mit einem Schneebesen verschlagen. Einen Topf 2–3 cm hoch mit Wasser füllen und die Schüssel in den Topf hängen – dabei sollte der Schüsselboden das Wasser keinesfalls berühren! Das Wasser bei geringer bis mittlerer Hitze zum Sieden bringen und die Zucker-Eiweiß-Masse ca. 10 Min. erhitzen. Dabei immer wieder gut umrühren und darauf achten, dass der Zucker vollständig schmilzt und die Hitze nicht zu hoch wird, sonst stockt das Eiweiß.

2 Die heiße Masse in die Rührschüssel einer Küchenmaschine füllen und auf höchster Stufe 8–10 Min. schlagen (oder auch in einer Schüssel mit den Schneebesen des Handrührgeräts). Die Baisermasse sollte dabei fast vollständig abkühlen, einen schönen Glanz bekommen und richtig fest, fast zäh-cremig werden. Wer gerne rosa Meringen möchte, färbt die Baisermasse noch mit Lebensmittelfarbe.

3 Backofen auf 100° vorheizen (Ober- und Unterhitze nehmen, Umluft ist hier nicht empfehlenswert), zwei Backbleche mit Backpapier auslegen. Von der Baisermasse nach und nach je ca. 2 EL abnehmen und als ein Häufchen auf die Bleche setzen, dabei immer ausreichend Abstand lassen (es sollen insgesamt 10 Häufchen werden). Baiserhäufchen mit dem Löffel wolkig formen und nach Wunsch noch Pistazien aufstreuen. Im Ofen (Mitte) ca. 2 Std. 30 Min. backen. Die Meringen sind fertig, wenn sie sich leicht von dem Blech lösen lassen, außen fest sind und der Boden innen noch etwas weich ist. Dann den Ofen ausschalten und die Meringen darin abkühlen lassen.

4 Zum Servieren die Beeren vorsichtig waschen, putzen und verlesen. Die Sahne mit Vanillezucker und eventuell Kirschwasser steif schlagen. Je einen Schlag Sahne auf einen Teller geben und reichlich Beeren darauf verteilen, dann die Meringen auf die Sahne setzen.

TIPPS – *für Meringen-Reste*
Meringen lassen sich gut 1 Woche in einer luftdicht verschließbaren Box aufbewahren. Wer möchte, kann sie außer mit Sahne noch zusätzlich mit je 1 Kugel Vanilleeis servieren.

ZUTATEN für 10 Personen:
6 Eiweiß (S, ganz frisch!)
400 g feiner Zucker
2–3 Tropfen rote Lebensmittelfarbe (nach Belieben)
3 EL gehackte Pistazien
(nach Belieben)
600 g gemischte Beeren (z. B.
Heidelbeeren, Himbeeren, Erdbeeren und Johannisbeeren)
300 g Sahne
1 Pck. Vanillezucker
1–2 EL Kirschwasser
(nach Belieben)

ZUBEREITUNGSZEIT: 1 Std.
BACKZEIT: 2 Std. 30 Min.
+ Abkühlzeit
PRO PORTION: ca. 330 kcal

Aprikosentarte mit Mandeln

1 Für den Teig Mehl und Salz in einer Schüssel mischen. Die Butter in Flöckchen daraufgeben, Zucker darüberstreuen und das Ei mit dem Wein dazugeben. Alles in der Schüssel mit einem Messer zerhacken, dann mit den Händen erst rasch zu feinen Bröseln reiben, anschließend zu einem geschmeidigen Teig kneten. Teig zu einer Kugel formen, in Frischhaltefolie wickeln und mindestens 30 Min. im Kühlschrank ruhen lassen.

2 Den Backofen auf 200° (Umluft 180°) vorheizen. Eine Tarteform (eine Springform geht auch) mit Butter einfetten. Den Teig auf einer mit Mehl bestäubten Arbeitsfläche dünn ausrollen und die Form damit auslegen, dabei einen Rand hochziehen. Den Teigboden mit einer Gabel mehrmals einstechen und mit Backpapier auslegen, Hülsenfrüchte darauf verteilen. Form in den Ofen (unten) schieben, den Teigboden 15 Min. vorbacken.

3 Für den Belag die Aprikosen waschen, halbieren und die Steine herauslösen. Den vorgebackenen Teig aus dem Ofen nehmen, die Temperatur auf 180° (Umluft 160°) reduzieren. Backpapier samt Hülsenfrüchten abnehmen. Den Teigboden mit gemahlenen Mandeln bestreuen, darauf die Aprikosen mit den Schnittflächen nach oben dicht an dicht legen und mit 2 EL Zucker bestreuen. Die Tarte für weitere 10 Min. in den Ofen (jetzt Mitte!) schieben.

4 Die Eier mit der Sahne, übrigem Zucker und nach Belieben Amaretto verquirlen (am besten mit den Schneebesen des Handrührgeräts). Den Guss über die Aprikosen gießen, die Mandelsplitter darüberstreuen und den Kuchen in 20–25 Min. fertig backen. Lauwarm, eventuell mit 1 Kugel Vanilleeis, oder kalt genießen.

ZUTATEN für 1 Tarteform (28 cm Ø), 12 Stück:

Für den Teig:
220 g Mehl | 1 Prise Salz
125 g kalte Butter
60 g Zucker | 1 Ei (M)
2–3 EL Weißwein (ersatzweise Wasser)
Butter für die Form
Mehl zum Arbeiten
Hülsenfrüchte zum Blindbacken

Für den Belag:
1 kg Aprikosen
2 EL gemahlene Mandeln
4 EL Zucker | 2 Eier (M)
200 g Sahne
2 EL Amaretto (nach Belieben)
5 EL Mandelsplitter

ZUBEREITUNGSZEIT: 35 Min.
KÜHLZEIT: 30 Min.
BACKZEIT: 45–50 Min.
PRO STÜCK: ca. 330 kcal

VARIANTEN – mit anderem Obst
Nicht nur Aprikosen passen super auf diese Tarte. Stattdessen schmecken auch ca. 800 g Süßkirschen oder Heidelbeeren (idealerweise richtige Waldheidelbeeren, keine Zuchtheidelbeeren). Und wer einen Baum mit frühen Sommeräpfeln im Garten hat: Einfach 1 kg Äpfel (z. B. Kläräpfel) schälen, vierteln, entkernen, in nicht zu schmale Spalten schneiden und auf dem vorgebackenen Teigboden verteilen. Den Guss ohne Amaretto, dafür mit dem Mark einer 1/2 Vanilleschote anrühren. Egal ob Kirschen, Beeren oder Äpfel – bei diesen Kuchen entfällt das 10-Min.-Vorbacken der Früchte auf dem Teig! Wer will, kann noch 1–2 EL Zucker mehr in den Guss rühren.

Rezepte – Beerenträume

Johannisbeerkuchen mit Haselnussbaiser

1 Den Teig wie links beschrieben zubereiten, kühl stellen und dann in der Tarteform bei 200° (unten, Umluft 180°) ca. 15 Min. blindbacken.

2 Die Beeren waschen, verlesen und von den Rispen zupfen. Eiweiße und Salz mit den Schneebesen des Handrührgeräts fast steif schlagen. Dann nach und nach Zucker einrieseln lassen und die Eiweiße zu einer festen Baisermasse schlagen.

3 Vorgebackenen Teig aus dem Ofen nehmen, die Temperatur auf 180° (Umluft 160°) reduzieren. Backpapier samt Hülsenfrüchten entfernen und den Teigboden mit 2 EL gemahlenen Haselnüssen bestreuen. Übrige Nüsse mit dem Baiser zu den Beeren geben und alles vorsichtig, aber gründlich unterheben. Die Masse auf den Teigboden geben, glatt streichen. Die Tarte im Ofen (jetzt Mitte!) ca. 45 Min. backen – dabei am besten schon nach 15 Min. mit Pergament abdecken, damit der Baiser nicht zu dunkel wird.

ZUTATEN für 1 Tarteform
(28 cm Ø), 12 Stück:
1 Rezept Mürbeteig (siehe links)
700 g rote Johannisbeeren
4 Eiweiß (M)
1 Prise Salz
180 g Zucker
100 g gemahlene Haselnüsse

ZUBEREITUNGSZEIT: 30 Min.
KÜHLZEIT: 30 Min.
BACKZEIT: 1 Std.
PRO STÜCK: ca. 310 kcal

Feigentarte mit Marzipan

1 Den Teig wie links beschrieben zubereiten, kühl stellen und dann in der Tarteform bei 200° (unten, Umluft 180°) ca. 20 Min. blindbacken.

2 Die Feigen waschen, längs in 6 Spalten schneiden und mit Zitronensaft mischen. Das Marzipan in Stücke schneiden, mit der Butter in ein hohes Rührgefäß geben und mit den Schneebesen des Handrührgeräts cremig rühren, dabei nach und nach den Puderzucker dazugeben. Dann das Ei gut unterrühren und ganz zum Schluss die Stärke.

3 Vorgebackenen Teig aus dem Ofen nehmen, die Temperatur auf 180° (Umluft 160°) reduzieren. Backpapier samt Hülsenfrüchten entfernen und die Marzipancreme gleichmäßig auf dem Teigboden verteilen. Die Feigenspalten darauflegen, dabei ganz leicht in die Creme eindrücken. Tarte mit Zucker bestreuen und im Ofen (jetzt Mitte!) in 25–30 Min. fertig backen. Die Tarte schmeckt lauwarm, aber auch abgekühlt.

ZUTATEN für 1 Tarteform
(28 cm Ø), 12 Stück:
1 Rezept Mürbeteig (siehe links)
800 g Feigen | 2 EL Zitronensaft
100 g Marzipanrohmasse
50 g weiche Butter
4 EL Puderzucker | 1 Ei (M)
1 EL Speisestärke | 1 EL Zucker

ZUBEREITUNGSZEIT: 30 Min.
KÜHLZEIT: 30 Min.
BACKZEIT: 45–50 Min.
PRO STÜCK: ca. 310 kcal

Mirabellenkuchen mit Vanilleguss

ZUTATEN für 1 Backblech
    (20 Stück):

Für den Teig:
1 Würfel frische Hefe (ca. 40 g)
80 g Zucker
1/4 l lauwarme Milch
500 g Mehl
1 Prise Salz
80 g Butter
1 Ei (M)
1 Eigelb (M)
Butter für das Blech
Mehl zum Arbeiten

Für den Belag:
1 Vanilleschote
1/2 l Milch
80 g Zucker
1 Pck. Vanillepuddingpulver
    (zum Kochen)
1,2 kg Mirabellen
1 Ei (M)
1 EL Speisestärke
1 Eiweiß (M)
1 Prise Salz
100 g Sahne

ZUBEREITUNGSZEIT: 50 Min.
RUHEZEIT: 1 Std. 25 Min.
BACKZEIT: 35–40 Min.
PRO STÜCK: 240 kcal

1 Für den Teig die Hefe zerbröckeln und in ein Schüsselchen geben. 1 EL Zucker darüberstreuen und ca. 50 ml Milch darübergießen. Den Ansatz zugedeckt 15 Min. an einem warmen Ort ruhen und gehen lassen.

2 Das Mehl mit dem Salz mischen, Butter in einem Pfännchen schmelzen. Übrigen Zucker, Ei und Eigelb zum Mehl geben, die warme Butter mit der übrigen Milch mischen und ebenfalls dazugeben. Dann zügig den Hefeansatz dazugießen und alles mit einem Löffel verrühren. Den Teig mit den Händen ca. 8 Min. kräftig durchkneten, dabei eventuell noch etwas Mehl zugeben – der Teig sollte sich samtig-elastisch anfühlen und nicht kleben. Teig zu einer Kugel formen, in eine bemehlte Schüssel legen, mit einem Tuch abdecken und an einem warmen Ort ca. 1 Std. gehen lassen, bis der Teig sich verdoppelt hat.

3 Zwischendurch für den Belag die Vanilleschote längs aufschlitzen und das Mark herauskratzen. 6 EL Milch mit 3 EL Zucker und Puddingpulver klümpchenfrei verrühren. Übrige Milch mit dem Vanillemark aufkochen, vom Herd nehmen, angerührtes Puddingpulver einrühren, dann alles nochmals ca. 1 Min. unter Rühren kochen lassen. Vom Herd nehmen und den Pudding abkühlen lassen, dabei immer wieder mal umrühren, damit sich keine Haut bildet.

4 Den Backofen auf 180° vorheizen, ein Backblech mit Butter einfetten. Die Mirabellen waschen, halbieren und die Steine entfernen. Den Teig nochmals durchkneten, auf einer leicht bemehlen Arbeitsfläche auf Blechgröße ausrollen und auf das Blech geben, dabei einen Rand formen. Den Teig weitere 10 Min. gehen lassen.

5 Das Ei trennen, Eigelb und Stärke gründlich unter den Pudding rühren. Beide Eiweiße mit dem Salz steif schlagen, Sahne ebenfalls steif schlagen, beides unter die Puddingmasse heben. Die Masse auf den Teig streichen, die Mirabellen darauf verteilen und den Kuchen im Ofen (Mitte, Umluft 160°) in 35–40 Min. goldbraun backen.

Französische Kirsch-Johannisbeer-Konfitüre

1 Die Kirschen waschen und die Stiele abzupfen, die Früchte vierteln und die Kerne herauslösen. Die Kirschen in einer Schüssel mit dem Zucker und eventuell 4 EL Kirschwasser mischen. Zugedeckt 12 Std. (am besten über Nacht) im Kühlschrank ziehen lassen, dabei möglichst ab und zu umrühren.

2 Die Johannisbeeren waschen, verlesen und die Beeren von den Rispen zupfen. Johannisbeeren mit dem Pürierstab pürieren und durch ein feines Sieb streichen oder durch ein Passiergerät pressen. Den Saft der Zitrone auspressen.

3 Die Kirschen nochmals durchrühren und in ein feines Sieb geben, dabei den ablaufenden Saft in einem Topf auffangen. Das Johannisbeerpüree und den Zitronensaft zum Kirschsaft in den Topf geben und alles unter Rühren zum Kochen bringen, dann gut 10 Min. bei starker Hitze kochen lassen, dabei ständig rühren.

4 Kirschen in den Topf geben und die Konfitüre 20–25 Min. bei mittlerer Hitze kochen lassen. Dabei immer wieder mal umrühren und nach gut der Hälfte der Zeit die Gelierprobe machen (siehe unten). Sobald die Konfitüre geliert, eventuell das übrige Kirschwasser unterrühren und die Konfitüre sofort in saubere Twist-off-Gläser füllen. Gut verschließen und ca. 20 Min. auf dem Deckel stehend abkühlen lassen. Dann die Gläser umdrehen und die Konfitüre vollständig auskühlen lassen.

ZUTATEN für 6 Gläser
 (je ca. 250 ml Inhalt):
800 g dunkle Süßkirschen
800 g Zucker
6 EL Kirschwasser (nach
 Belieben)
500 g rote Johannisbeeren
1 Zitrone

ZUBEREITUNGSZEIT: 1 Std.
MARINIERZEIT: 12 Std.
ABKÜHLZEIT: 20 Min.
PRO GLAS: ca. 640 kcal

ALT UND GUT BEWÄHRT – *Gelierprobe*
Einen großen Tropfen Konfitüre oder Gelee auf einen kleinen Teller geben. Den Teller schräg halten: Wenn der Tropfen jetzt nur mäßig verläuft bzw. sofort fest wird, ist das Gelee oder die Konfitüre fertig. Ansonsten noch ein paar Minuten weiterkochen lassen.

Pflaumenkonfitüre aus dem Ofen

ZUTATEN für 4 Gläser
(je ca. 250 ml Inhalt):
1 1/2 kg Pflaumen
200 g (Roh-)Rohrzucker
1/2 TL Zimtpulver

ZUBEREITUNGSZEIT: 25 Min.
GARZEIT: 15–20 Min.
ABKÜHLZEIT: 20 Min.
PRO GLAS: ca. 370 kcal

1 Den Backofen auf 225° vorheizen (Ober- und Unterhitze nehmen, Umluft ist hier nicht empfehlenswert). Die Pflaumen waschen, vierteln und die Steine entfernen. Die Pflaumen dicht an dicht auf einem möglichst tiefen Backblech verteilen. Den Zucker mit dem Zimtpulver mischen und die Pflaumen gleichmäßig damit bestreuen.

2 Das Blech in den Ofen (Mitte) schieben und die Pflaumen 15–20 Min. garen, bis der Zucker karamellisiert, dabei die Früchte einmal mit einem Löffel wenden.

3 Dann die leicht zerfallenden Früchte sofort aus dem Ofen in saubere Twist-off-Gläser füllen und fest verschließen. Die Gläser für ca. 20 Min. auf den Deckel stellen und die Konfitüre abkühlen lassen, anschließend umdrehen und vollständig auskühlen lassen.

Erdbeer-Himbeer-Gelee

ZUTATEN für 4–5 Gläser
(je ca. 250 ml Inhalt):
je 1,2 kg Erdbeeren und
Himbeeren | 4 EL Zucker
2–3 Frühäpfel (ca. 250 g, z. B.
Kläräpfel – falls vorhanden
sogar halbreife Früchte)
ca. 1,2 kg Gelierzucker
1 Zitrone

ZUBEREITUNGSZEIT: 45 Min.
MARINIERZEIT: 1 Std.
ABKÜHLZEIT: 20 Min.
PRO GLAS (bei 5 Gläsern):
ca. 1170 kcal

1 Beide Beerensorten waschen und verlesen, Kelchblätter der Erdbeeren entfernen und die Früchte klein schneiden. Erdbeeren und Himbeeren mit dem Zucker und 1/4 l Wasser in einer Schüssel mischen und ca. 1 Std. zugedeckt marinieren und Saft ziehen lassen.

2 Die Äpfel waschen, vierteln und mit dem Kerngehäuse in kleine Stücke schneiden. Mit der Beerenmischung in einen Topf geben und unter Rühren bei geringer Hitze ca. 15 Min. kochen lassen. Dann alles in ein Sieb gießen, das mit einem sauberen Mulltuch ausgelegt wurde, und den Saft langsam in eine untergestellte Schüssel laufen lassen. Am Ende die Fruchtmasse ganz leicht ausdrücken, aber nicht ausquetschen, sonst wird das Gelee trübe.

3 Den Saft abmessen, in den Topf geben und mit Gelierzucker mischen – auf 1 l Saft nimmt man 1 kg Gelierzucker. Saft der Zitrone auspressen und unterrühren. Den Fruchtsaft nun bei starker Hitze unter ständigem Rühren 4–5 Min. kochen lassen, dann sofort in saubere Twist-off-Gläser füllen und verschließen. Gläser für ca. 20 Min. auf den Deckel stellen und das Gelee abkühlen lassen, anschließend umdrehen und vollständig auskühlen lassen.

Extrafruchtiges Aprikosen-Chutney

1 Die frischen Aprikosen waschen, halbieren und die Steine entfernen, das Fruchtfleisch in nicht zu kleine Stücke schneiden. Die getrockneten Aprikosen klein würfeln. Die Schalotten, den Knoblauch und den Ingwer schälen und ganz fein würfeln.

2 Zucker und Essig in einen Topf geben und unter Rühren erhitzen, bis sich der Zucker möglichst vollständig aufgelöst hat. Dann die frischen und getrockneten Aprikosen, Schalotten, Knoblauch, Ingwer und alle restlichen Zutaten dazugeben und alles unter Rühren einmal aufkochen lassen. Offen bei mittlerer Hitze 20–25 Min. leicht köcheln lassen, dabei ab und zu mal umrühren, gegen Garzeitende ruhig öfter.

3 Das Chutney ist fertig, sobald es eine marmeladenähnliche Konsistenz hat – die Aprikosen sollten dabei nicht zerkochen – und der starke Essiggeruch verflogen ist. Dann das Chutney sofort in saubere Twist-off-Gläser füllen und verschließen, für 10 Min. auf den Deckel stellen und abkühlen lassen, anschließend wenden und vollständig auskühlen lassen. Das Chutney passt besonders gut zu kräftigem Hartkäse wie Manchego aber auch zu mildem Schimmelkäse und kaltem Braten.

TIPP – der Sommer im Glas

Damit das eingemachte Vergnügen bis in den Winter währt, sollte man auf ein paar Dinge achten: Richtig reife, aber wirklich nur makellose Früchte verwenden. Was bereits überreif oder matschig ist oder sogar schimmelige oder faule Stellen aufweist, gehört nicht ins Glas.
Gläser am besten kurz vor dem Einmachen auswaschen, gut abtrocknen und für etwa 5 Min. in den 90° warmen Backofen stellen – das tötet auch noch die letzten Keime ab. Dann sofort in die heißen Gläser (unbedingt mit Topflappen aus dem Ofen nehmen und halten) das ebenfalls heiße Chutney oder auch Marmelade füllen und verschließen. Dies gilt speziell für schon einmal gebrauchte Gläser, bei denen man sich zusätzlich versichern sollte, dass die Deckel noch hundertprozentig schließen.

ZUTATEN für 2 Gläser
  (je ca. 300 ml Inhalt):
500 g frische Aprikosen
10 getrocknete Aprikosen
2 Schalotten
1 Knoblauchzehe
1 Stück frischer Ingwer
  (ca. 3 cm)
150 g (Roh-)Rohrzucker
150 ml Weißweinessig
je 1/2 TL Koriandersamen
  und Senfkörner
1 TL getrocknete grüne
  Pfefferkörner
1 TL Salz

ZUBEREITUNGSZEIT: 25 Min.
GARZEIT: 20–25 Min.
ABKÜHLZEIT: 10 Min.
PRO GLAS: ca. 490 kcal

Rezepte – Beerenträume

Himbeeressig mit Estragon

1 Die Himbeeren (es dürfen hier ruhig fast überreife Früchte sein) verlesen, bei Bedarf vorsichtig waschen und trocken tupfen oder gut abtropfen lassen. Eventuell noch den Estragon waschen und trocken schütteln. Beides mit dem Essig in einem großen verschließbaren Glas gut vermischen und verschließen. Zugedeckt an einem kühlen Ort 2–3 Wochen ziehen lassen.

2 Dann den Essig durch ein mit einem sauberen Mulltuch ausgelegtes Sieb in eine Schüssel gießen. Die Beeren mit einer Gabel gut auspressen und das Tuch austropfen lassen. Essig in saubere Flaschen füllen (nach Wunsch noch je 3–4 frische Himbeeren hineingeben), verschließen.

Übrigens: Fruchtessig lässt sich so auch mit schwarzen Johannisbeeren, Brombeeren oder Heidelbeeren herstellen. Wer es fruchtiger und nicht ganz so sauer mag, erhitzt die Beeren mit 100 g Zucker, bis sich dieser gelöst hat, und gibt sie dann zum Ziehenlassen mit dem Essig ins Glas.

ZUTATEN für 2 Flaschen
(je ca. 500 ml Inhalt):
500 g Himbeeren
1 kleiner Stängel Estragon
(nach Belieben)
1 l Weißweinessig

ZUBEREITUNGSZEIT: 20 Min.
MARINIERZEIT: 2–3 Wochen
PRO FLASCHE: ca. 230 kcal

Rosmarin-Pfeffer-Kirschen

1 Die Kirschen waschen, entstielen und entsteinen. Rosmarin waschen und trocken schütteln, Blättchen von den Zweigen zupfen und fein hacken. Die Zitrone heiß waschen und abtrocknen, die Schale dünn abschälen.

2 Den Rosmarin und die Zitronenschale mit Essig, Orangensaft, Pfefferkörnern, 1 Prise Salz, der Zimtstange, den Nelken und dem Gelierzucker in einen Topf geben, aufkochen und ca. 3 Min. bei starker Hitze unter Rühren kochen lassen.

3 Die Kirschen dazugeben und alles nochmals gut 1 Min. kochen lassen, mit Salz abschmecken. Zitronenschale, Zimtstange und die Nelken herausfischen und die Kirschen sofort in saubere Twist-off-Gläser füllen und verschließen. Die Gläser für 10 Min. auf den Deckel stellen und die Kirschen abkühlen lassen, anschließend wenden und vollständig auskühlen lassen. Dann die Kirschen noch mindestens 3 Wochen durchziehen lassen. Sie schmecken nicht nur im Winter als Beilage zu Steak, Wild oder Käse.

ZUTATEN für 4 Gläser
(je ca. 300 ml Inhalt)
1 kg Sauerkirschen
2 Zweige Rosmarin
1/2 Bio-Zitrone
200 ml Rotweinessig
150 ml Orangensaft
je 2 EL grüne und schwarze
Pfefferkörner | Salz
1 Zimtstange | 2 Nelken
250 g Gelierzucker (2 : 1)

ZUBEREITUNGSZEIT: 20 Min.
ABKÜHLZEIT: 10 Min.
MARINIERZEIT: 3 Wochen
PRO GLAS: ca. 395 kcal

Kirschwassertopf mit Sommerfrüchten

ZUTATEN für 1 Glas
(ca. 750 ml Inhalt):
1 Vanilleschote
500 g gemischte Früchte
(siehe Tipp)
2 Sternanise
200 g Zucker
400–450 ml Kirschwasser

ZUBEREITUNGSZEIT: 20 Min.
MARINIERZEIT: 2 Std.
+ 1 Monat
PRO GLAS: ca. 2110 kcal

1 Vanilleschote zuerst quer, dann längs halbieren. Die Früchte waschen, putzen und gut trocken tupfen, große Früchte in Viertel oder dicke Spalten schneiden. Früchte locker mit Schotenstücken und Anis in ein breites Glas schichten (ideal ist ein Bügelglas) und lagenweise mit Zucker bestreuen. Glas schließen und die Früchte an einem kühlen Ort 2 Std. durchziehen lassen.

2 Dann so viel Kirschwasser dazugießen, dass die Früchte vollständig mit Schnaps bedeckt sind. Die Früchte 1 Monat lang an einem kühlen, dunklen Ort durchziehen lassen, dabei einmal wöchentlich das Glas kurz auf den Kopf stellen und leicht drehen, damit sich alles gut vermischt. Die Früchte schmecken toll zu Vanilleeis oder Grießflammeri.

TIPP – feine Früchtchen für den Topf: Als Einlage eignen sich reife, aber möglichst feste Früchte wie Erdbeeren, Kirschen, Aprikosen, Nektarinen und Pflaumen. Aber auch Himbeeren, Brombeeren oder schwarze Johannisbeeren kommen in Frage, solange sie nicht zu reif und weich sind. Immer gilt: vollkommen makelloses Obst nehmen!

Gewürzter Johannisbeerlikör

ZUTATEN für 4 Flaschen
(je ca. 500 ml Inhalt):
1,1 kg schwarze Johannisbeeren
1 kg Krümelkandis
3 Nelken
6 schwarze Pfefferkörner
2 1/2 Zimtstangen
2 l Korn oder Wodka

ZUBEREITUNGSZEIT: 20 Min.
MARINIERZEIT: 12 Std.
+ 4 Monate
PRO FLASCHE: ca. 1275 kcal

1 Die Johannisbeeren verlesen, waschen, von den Rispen zupfen und in einem Sieb gut abtropfen lassen. Die Beeren in einem großen, bauchigen Glas mit dem Kandis mischen und leicht mit einer Gabel andrücken. Glas schließen und die Früchte 12 Std. (am besten über Nacht) ziehen lassen.

2 Am folgenden Tag Nelken, Pfefferkörner und Zimtstangen (am besten die ganzen Stangen einmal durchbrechen) mit Korn oder Wodka unter die Beeren rühren. Das Glas gut verschließen und für 4 Monate an einen möglichst warmen, sonnigen Ort stellen, dabei ab und zu einmal durchrütteln.

3 Dann alles durch ein feines Sieb gießen, dabei die Beeren kräftig mit einem Löffel ausdrücken. Den Likör in saubere Flaschen füllen, gut verschließen und dunkel aufbewahren. Der Johannisbeerlikör schmeckt solo, auf Eis oder mit Sekt aufgegossen.

Garten
frisch
&
sonnensatt

Spargel mit Zitronenbutter

1 Den Backofen auf 200° (Umluft 180°) vorheizen. Spargel waschen und die harten Enden wegschneiden oder mit dem Sparschäler schälen. Die Zitrone heiß waschen, abtrocknen und die Schale fein abreiben. Die Butter in einem Pfännchen schmelzen.

2 Spargel in vier Portionen teilen und die Stangen dicht nebeneinander jeweils auf einen Bogen Alufolie legen. Die Zitronenschale darüberstreuen, die Butter gleichmäßig darüberträufeln und den Zucker darüberstreuen. Mit Fleur de Sel und Pfeffer würzen.

3 Die Alufolie gut zu Päckchen verschließen und auf ein Backblech legen. Das Blech in den Ofen (Mitte) schieben und den Spargeln ca. 30 Min. garen. Päckchen aus dem Ofen nehmen und vor dem Öffnen kurz stehen lassen, dann den Spargel servieren.

ZUTATEN für 4 Personen:
1 kg grüner Spargel
1 Bio-Zitrone
4 EL Butter
1 TL Zucker
Fleur de Sel (Meersalz,
   siehe Seite 101)
Pfeffer
Alufolie

ZUBEREITUNGSZEIT: 15 Min.
GARZEIT: 30 Min.
PRO PORTION: ca. 115 kcal

TIPP – noch mehr Zitronenaroma
Die übrige Zitrone (es wurde ja nur die Schale verwendet) in Scheiben oder Viertel schneiden – so kann sich jeder nach Wunsch noch etwas Saft über seinen Spargel träufeln.

Paprikagemüse
mit Mandeln

1 Die Paprikaschoten halbieren, putzen, waschen und in 2 cm große Stücke schneiden. Den Knoblauch schälen und fein hacken.

2 Die Mandelstifte in einer Pfanne ohne Fett rösten, bis sie hell bräunen. Aus der Pfanne nehmen und das Öl in der Pfanne heiß werden lassen. Die Paprikastücke und den Knoblauch ins Öl geben und bei starker Hitze unter Rühren 1–2 Min. braten. Salzen, pfeffern, Rosinen und ca. 100 ml Wasser dazugeben. Zugedeckt alles bei geringer Hitze ca. 8 Min. schmoren lassen.

3 Die Petersilie waschen und trocken schütteln, die Blättchen von den Stängeln zupfen und fein hacken. Den Pfannendeckel abnehmen, die Hitze erhöhen. Den Essig unters Gemüse rühren und bei mittlerer Hitze weitergaren, bis der Essig und fast alle Garflüssigkeit eingekocht sind. Das fertige Gemüse mit Petersilie bestreuen. Es schmeckt toll zu kurz gebratenem oder gegrilltem Fleisch oder Fisch.

ZUTATEN für 4 Personen:
je 3 kleine rote und gelbe
 Paprikaschoten
1 Knoblauchzehe
3 EL Mandelstifte
2 EL Olivenöl
Salz | Pfeffer
2 EL Rosinen
5 Stängel Petersilie
2 EL Weißweinessig

ZUBEREITUNGSZEIT: 30 Min.
PRO PORTION: ca. 140 kcal

Bohnen mit Tomaten
und Pinienkernen

1 Die Tomaten waschen und kreuzweise einritzen, in eine Schüssel geben und mit kochend heißem Wasser überbrühen. Die Bohnen waschen und die Enden abschneiden, Bohnen je nach Größe halbieren oder dritteln. Die Schalotten und den Knoblauch schälen und getrennt fein würfeln, Bohnenkraut waschen. Tomaten abgießen, häuten und in kleine Würfel schneiden, dabei die Stielansätze wegschneiden und den ablaufenden Saft auffangen.

2 In einem großen Topf 2 EL Öl erhitzen, darin die Schalotten und die Hälfte des Knoblauchs andünsten. Bohnen und Tomaten (samt Saft) mit dem Bohnenkraut unterrühren. Salzen, pfeffern und bei mittlerer Hitze 35–40 Min. zugedeckt garen, dabei nach und nach etwas Brühe zugießen.

3 Kurz vor Garzeitende das übrige Öl in einem kleinen Pfännchen heiß werden lassen. Darin restlichen Knoblauch und die Pinienkerne braten, bis die Pinienkerne leicht bräunen. Zum Servieren über die Bohnen geben.

ZUTATEN für 4 Personen:
5 Eiertomaten
800 g Busch- oder junge
 Stangenbohnen
2 Schalotten
2 Knoblauchzehen
5 Stängel Bohnenkraut
3 EL Olivenöl
Salz | Pfeffer
100 ml Gemüsebrühe
3 EL Pinienkerne

ZUBEREITUNGSZEIT: 45 Min.
GARZEIT: 35–40 Min.
PRO PORTION: ca. 205 kcal

ZUTATEN für 4 Personen:
4 Zucchini (am besten gelbe
   und grüne gemischt)
1 Knoblauchzehe
6–8 Stängel Oregano
4–5 EL Olivenöl
Salz | Pfeffer
5 EL Weißwein (nach Belieben,
   ersatzweise Wasser)
6 getrocknete Tomaten (in Öl
   eingelegt)
70 g Schafkäse (Feta)

ZUBEREITUNGSZEIT: 25 Min.
PRO PORTION: ca. 215 kcal

Zucchini
mit Schafkäse

1 Die Zucchini waschen und putzen, längs vierteln und quer in ca. 1 cm breite Stücke schneiden. Den Knoblauch schälen und fein hacken. Oregano waschen und trocken schütteln, die Blättchen von den Stängeln zupfen und fein schneiden.

2 Das Öl in einer Pfanne richtig heiß werden lassen. Die Zucchini hineingeben und bei starker Hitze hellbraun anbraten, dabei nicht rühren. Knoblauch dazugeben, salzen, pfeffern, umrühren und unter Rühren kurz weiterbraten. Dann eventuell mit Wein ablöschen, Oregano unterrühren und alles bei mittlerer Hitze 5–7 Min. weitergaren, dabei nach und nach wenig Wasser dazugeben, sodass die Zucchini nicht anbrennen.

3 Die Tomaten nur kurz abtropfen lassen und dann in dünne Streifen schneiden, den Schafkäse klein würfeln. Die Tomaten unter die Zucchini rühren und kurz mitgaren. Den Käse kurz vor dem Servieren über das Gemüse streuen.

GUT KOMBINIERT – Die Zucchini mit …
… ofenfrischem knusprigem Brot serviert oder auch zu Bulgur oder Couscous ergeben ein kleines, feines Hauptgericht. Auch sehr schmackhaft: Das Ganze unter kurze Nudeln wie Penne gemischt. Und wer nur mal eine erfrischende, nicht zu üppige Beilage möchte – etwa zu gegrilltem oder gebratenem Fisch –, lässt einfach den Schafkäse weg.

Spitzkohl mit Sardellen

1 Den Spitzkohl vierteln, waschen, den Strunk herausschneiden und die Viertel quer in breite Stücke schneiden. Den Knoblauch schälen und in feine Scheiben schneiden.

2 Das Öl in einer Pfanne erhitzen, darin den Knoblauch andünsten. Den Kohl dazugeben und 1–2 Min. unter Rühren bei mittlerer Hitze anbraten. Salzen, pfeffern, dann die Gemüsebrühe und den Zitronensaft dazugießen und den Kohl offen ca. 5 Min. dünsten, dabei ab und zu umrühren.

3 Das Salz von den Sardellen abwaschen. Die Sardellen und die Kapern grob hacken und unter den Kohl rühren, kurz heiß werden lassen, dann den Kohl sofort oder lauwarm abgekühlt servieren.

ZUTATEN für 4 Personen:
2 kleine Köpfe Spitzkohl
2 Knoblauchzehen
3 EL Olivenöl
Salz | Pfeffer
80 ml Gemüsebrühe
1 EL Zitronensaft
7 Sardellenfilets (in Salz
  eingelegt)
2 EL Kapern

ZUBEREITUNGSZEIT: 25 Min.
PRO PORTION: ca. 125 kcal

Feinscharfe Honig-Zitronen-Möhren

1 Die Möhren schälen und schräg in 1/2 cm breite Scheiben schneiden. Die Schalotten schälen und möglichst fein würfeln. Chilischote waschen, entstielen, längs halbieren, entkernen und in ganz feine Streifen schneiden.

2 Das Butterschmalz in einem Topf schmelzen. Die Schalotten und den Kreuzkümmel dazugeben und bei geringer Hitze hellgelb andünsten. Die Möhren dazugeben und bei starker Hitze unter Rühren 2 Min. anbraten. Den Honig und die Chilischote einrühren, die Hitze wieder reduzieren, die Möhren salzen und pfeffern. Zugedeckt ca. 8 Min. dünsten, dabei eventuell ein paar Esslöffel Wasser untermischen, damit nichts anbrennt.

3 Inzwischen den Thymian waschen und trocken schütteln, die Blättchen von den Zweigen zupfen und fein hacken. Thymian mit 3 EL Zitronensaft unter die Möhren rühren und kurz mitdünsten, bis die Möhren gar sind, aber noch Biss haben. Vor dem Servieren nochmals mit Pfeffer und dem übrigen Zitronensaft abschmecken.

ZUTATEN für 4 Personen:
800 g junge Möhren
3 Schalotten
1 rote Chilischote
2 EL Butterschmalz
1 gestr. EL Kreuzkümmel-
  samen
3 EL Honig
Salz | Pfeffer
10 Zweige (Zitronen-)Thymian
4 EL Zitronensaft

ZUBEREITUNGSZEIT: 30 Min.
PRO PORTION: ca. 145 kal

Basilikum-Quark-Küchlein

ZUTATEN für 8 Stück:
500 g Magerquark
1 Bund Basilikum
1 große Knoblauchzehe
ca. 7–8 EL Olivenöl
1 Ei (M)
Salz | Pfeffer
2 Msp. Chilipulver
200 g Mehl

ZUBEREITUNGSZEIT: 50 Min.
PRO STÜCK: ca. 150 kcal

1 Den Quark in ein feines Sieb geben und abtropfen lassen. Das Basilikum waschen und trocken schütteln, die Blättchen von den Stängeln zupfen und fein schneiden. Den Knoblauch schälen und ganz fein hacken.

2 In einer Pfanne 1 EL Öl erhitzen und darin den Knoblauch andünsten, dann mit Basilikum und Quark in eine Schüssel geben. Das Ei dazugeben, mit Salz, Pfeffer und Chilipulver würzen. Nach und nach das Mehl (2–3 EL zurückbehalten) unterrühren, bis ein weicher Teig entstanden ist.

3 Mit bemehlten Händen aus dem Teig 8 flache Küchlein formen, mit dem restlichen Mehl bestäuben und am besten auf Pergamentpapier bereitlegen. Übriges Öl in einer großen Pfanne erhitzen, darin die Plätzchen beidseitig in jeweils 3–5 Min. bei mittlerer Hitze goldbraun braten. Heiß mit Gemüse oder Tomatensauce (siehe unten) servieren.

Sonnensatte Tomatensauce mit Oregano

ZUTATEN für 6 Personen:
1 kg vollreife Tomaten (ersatzweise 800 g Tomaten aus der Dose)
1 Zwiebel
1 Knoblauchzehe
5 Stängel Oregano (ersatzweise 1 TL getrockneter Oregano)
3 EL Olivenöl
100 ml Weißwein (nach Belieben)
1 Lorbeerblatt
Salz | Pfeffer
1–2 Prisen Zucker

ZUBEREITUNGSZEIT: 45 Min.
GARZEIT: 30–40 Min.
PRO PORTION: ca. 80 kcal

1 Die Tomaten kreuzweise einritzen, mit kochend heißem Wasser überbrühen, 3–4 Min. stehen lassen, dann abgießen und häuten. Das Fruchtfleisch in kleine Stücke schneiden, dabei die Stielansätze entfernen. Die Zwiebel und den Knoblauch schälen und fein würfeln. Oregano waschen und trocken schütteln, die Blättchen von den Stängeln zupfen und hacken.

2 Öl in einem Topf erhitzen, darin Zwiebel und Knoblauch andünsten. Eventuell Wein dazugießen, dann die Tomaten dazugeben. Oregano und Lorbeerblatt unterrühren, salzen und pfeffern. Tomaten offen bei mittlerer Hitze 30–40 Min. (je nach gewünschter Konsistenz) einkochen lassen, dabei ab und zu umrühren. Gegen Garzeitende mit Salz, Pfeffer und Zucker abschmecken. Die Sauce schmeckt zu Pasta, Fleisch, und, und, und …

Auf Vorrat: Weil die Sauce zu so vielem passt, sollte man immer etwas davon parat haben. Dazu die Sauce heiß in saubere Twist-off-Gläser füllen, gut verschließen und in den Kühlschrank stellen (Haltbarkeit: 2–3 Wochen). Oder die Sauce abkühlen lassen, in Gefrierdosen füllen und tiefkühlen.

Bunter Gemüseeintopf mit Nudeln

ZUTATEN für 6 Personen:

1 große Zwiebel
2 Knoblauchzehen
70 g geräucherter durchwach-
    sener Speck (in Scheiben)
4 Tomaten
800 g gemischtes Sommer-
    gemüse (z.B. grüne Bohnen,
    Staudensellerie, Möhren,
    Kohlrabi, Fenchel, Zucchini
    und Mangold)
4 EL Olivenöl
1 EL Tomatenmark
50 ml Weißwein (ersatzweise
    Brühe)
1 l Rinder- oder Gemüsebrühe
1 getrocknete Chilischote
1 TL getrockneter Oregano
Salz | Pfeffer
150 g kleine Nudeln
    (z.B. Hörnchen)
1 Dose kleine weiße Bohnen
    (Canellini-Bohnen, Abtropf-
    gewicht ca. 240 g)
1/4 Bund Petersilie
6 EL frisch geriebener Parmesan

ZUBEREITUNGSZEIT:
    1 Std. 10 Min.
PRO PORTION: ca. 325 kcal

1 Die Zwiebel und den Knoblauch schälen und mit dem Speck in kleine Würfel schneiden. Tomaten kreuzweise einritzen und mit kochend heißem Wasser überbrühen, ca. 5 Min. ziehen lassen, dann häuten und in kleine Stücke schneiden, dabei die Stielansätze wegschneiden.

2 Das Gemüse je nach Sorte schälen oder waschen und putzen. Bohnen und Sellerie in ca. 1 cm lange Stücke schneiden. Möhren, Kohlrabi, Fenchel und Zucchini ca. 1 cm groß würfeln. Vom Mangold die Blätter abschneiden, die Stiele quer in ca. 1 cm breite Streifen schneiden (sehr breite Stiele eventuell vorher erst längs halbieren) und die Blätter einmal längs halbieren, dann in 1 cm breite Streifen schneiden.

3 Das Öl in einem großen Topf erhitzen, darin Speck, Zwiebeln und Knoblauch bei mittlerer Hitze andünsten. Tomatenmark dazugeben und unter Rühren kurz mitdünsten. Mit Wein ablöschen und die Flüssigkeit einkochen lassen. Die Brühe, das Gemüse (bis auf die Mangoldblätter) und die Chilischote dazugeben, mit Oregano, Salz und Pfeffer würzen und alles zugedeckt bei geringer Hitze 20–25 Min. garen.

4 Inzwischen die Nudeln in reichlich Salzwasser nach Packungsangabe bissfest garen, in ein Sieb abgießen, abtropfen lassen und sofort abdecken, damit sie warm bleiben. Bohnen in ein Sieb gießen und abtropfen lassen. Die Petersilie waschen und trocken schütteln, Blättchen von den Stängeln zupfen und fein hacken.

5 Bohnen und Mangoldblätter in die Suppe geben und noch knapp 5 Min. mitgaren. Zuletzt die Nudeln unterrühren und heiß werden lassen. Chilischote herausfischen und die Suppe mit Salz und Pfeffer abschmecken. Die Suppe mit Petersilie bestreuen und servieren. Jeder kann sich dann nach Wunsch Parmesan darüberstreuen.

Zucchinipudding wie in Griechenland

1 Die Zucchini waschen, putzen, auf der Rohkostreibe grob raspeln und in eine große Schüssel geben. Den Käse fein reiben, die Oliven in dünne Scheiben schneiden. Die Frühlingszwiebeln waschen, putzen und mit dem knackigen Grün in dünne Ringe schneiden. Kräuter waschen und trocken schütteln, die Blättchen von den Stängeln zupfen und grob hacken.

2 Den Backofen auf 180° vorheizen. Die Butter schmelzen und eine Tarteform (eine Springform geht auch) mit etwas Butter auspinseln, die Form kühl stellen. Die Zucchiniraspel gründlich mit den Eiern verrühren, dann Joghurt, die Hälfte der Pinienkerne, Oliven, Zwiebelringe, Kräuter und Käse untermengen. Zum Schluss Mehl und Grieß nach und nach gründlich unterrühren. Die Masse kräftig mit Salz, Pfeffer und Muskat würzen.

3 Die Zucchinimasse in die Form füllen, mit den restlichen Pinienkernen bestreuen und mit der übrigen Butter gleichmäßig beträufeln. In den Ofen (Mitte, Umluft 160°) schieben und in ca. 50 Min. goldbraun backen.

4 Den Pudding aus dem Ofen nehmen und unbedingt noch lauwarm abkühlen lassen, bevor er serviert wird (er schmeckt auch kalt). Dazu passt ein erfrischender Salat.

AUCH IM GRIECHISCHEN STIL – Salatdressing mit Joghurt
Sicher ist noch etwas von dem Joghurt übrig, den man für den Zucchinipudding angebrochen hat. Dieser Rest ist Basis für ein wunderbar erfrischendes Salatdressing. Einfach 2–3 EL Naturjoghurt mit 1–2 TL Zitronensaft, 4 EL Olivenöl und 1 Msp. abgeriebener Bio-Zitronenschale verrühren und gründlich zu einer cremigen Sauce rühren. Jetzt ganz nach Belieben richtig üppig Kräuter (z. B. die gleiche Mischung wie im Pudding) fein schneiden und unterrühren. Mit Salz und Pfeffer und nach Wunsch auch etwas Chilipulver würzen. Das Dressing passt zu Blattsalat jeder Art.

ZUTATEN für 1 Tarteform
(28 cm Ø), 12 Stück:
800 g Zucchini
100 g würziger Bergkäse
15 schwarze Oliven (ohne Stein)
5 Frühlingszwiebeln
1/2 Bund Dill
1/3 Bund Petersilie
je 5 Stängel Minze und
Zitronenmelisse
3 EL Butter
3 Eier (M)
2 EL Naturjoghurt
3 EL Pinienkerne
150 g Mehl
2 EL Hartweizengrieß
Salz | Pfeffer
frisch geriebene Muskatnuss

ZUBEREITUNGSZEIT: 25 Min.
BACKZEIT: 50 Min.
PRO STÜCK: ca. 160 kcal

Gemüsepfanne
mit Kichererbsensticks

ZUTATEN für 4 Personen:

Für die Sticks:
250 g Kichererbsenmehl
300 g Naturjoghurt
1 Knoblauchzehe
1 1/2 TL getrocknete Kräuter
der Provence
1/2 TL Chilipulver
Salz
8 EL Olivenöl
2 EL Zitronensaft

Für das Gemüse:
4 Tomaten
1 rote Zwiebel
1 kleine Knoblauchzehe
1 rote Paprikaschote
2 Zucchini
4 Stangen Staudensellerie
10 schwarze Oliven (ohne Stein)
1/2 Bund Petersilie
2 EL Olivenöl
Salz | Pfeffer
50 ml Weißwein (ersatzweise
Gemüsebrühe)
1 EL Kapern
1 Prise Zucker

ZUBEREITUNGSZEIT: 55 Min.
RUHEZEIT: 2 Std. 10 Min.
PRO PORTION: ca. 535 kcal

1 Für die Sticks das Kichererbsenmehl in einer Schüssel mit Joghurt und 220 ml Wasser gründlich verrühren. Den Knoblauch schälen und durch die Presse dazudrücken. Kräutern der Provence und Chilipulver unterrühren, kräftig salzen und den Teig ca. 10 Min. quellen lassen.

2 In einer hohen Pfanne oder in einem weiten Topf 5 EL Olivenöl erhitzen. Teig hineingeben und bei mittlerer Hitze unter ständigem Rühren braten, bis er sich als kompakter Kloß vom Topfboden löst und leicht glänzt. Eine rechteckige Form mit etwas Öl auspinseln, den Teig ca. 3 cm hoch hineingeben und glatt drücken. Zugedeckt 2 Std. ruhen lassen.

3 Für das Gemüse die Tomaten kreuzweise einritzen und die Stielansätze entfernen. Tomaten mit kochend heißem Wasser überbrühen, kurz stehen lassen, dann häuten. Das Fruchtfleisch in Stückchen schneiden, dabei den Saft auffangen. Zwiebel schälen und in schmale Streifen schneiden, Knoblauch schälen und fein hacken. Paprika, Zucchini und Sellerie waschen und putzen. Paprika in schmale Streifen schneiden, Zucchini längs halbieren und quer in dünne Scheiben schneiden, Selleriestangen schräg in dünne Scheiben schneiden. Die Oliven ebenfalls in dünne Scheiben schneiden. Die Petersilie waschen und trocken schütteln, Blättchen von den Stängeln zupfen und fein schneiden.

4 Das Öl in einer großen Pfanne oder im Wok stark erhitzen. Darin die Zwiebel kurz anbraten, dann Knoblauch und Gemüse dazugeben und unter Rühren 1–2 Min. anbraten, salzen und pfeffern, mit Wein ablöschen. Dann die Tomaten samt Saft, Kapern und Oliven zugeben. Zugedeckt ca. 5 Min. bei mittlerer Hitze garen.

5 Zwischendurch die Kichererbsenmasse aus der Form stürzen und in ca. 16 gleich dicke Stangen schneiden. In einer zweiten großen Pfanne (am besten beschichtet) das übrige Olivenöl erhitzen. Darin die Kichererbsensticks bei mittlerer Hitze von allen Seiten goldbraun braten. Zitronensaft darüberträufeln, die Sticks umrühren und den Saft verdampfen lassen. Die Petersilie unter das Gemüse mischen, mit Salz, Pfeffer und dem Zucker abschmecken, dann das Gemüse mit den Sticks servieren.

Gefülltes Gemüse aus dem Ofen

ZUTATEN für 6 Personen:

200 g Mangoldblätter (die Stiele anderweitig verwenden)
100 g geräucherter durchwachsener Speck
3 Zwiebeln
2 Knoblauchzehen
2 EL Olivenöl
100 g Weißbrot (eventuell vom Vortag)
3 kleine grüne Paprikaschoten
1 großer Zucchino
1 große, schlanke Aubergine
3 Tomaten
je 1/2 Bund Petersilie und Basilikum
250 g grobe Bratwürste
150 g gemischtes Hackfleisch
1 EL Tomatenmark
je 1 TL getrockneter Oregano und Majoran
2 Eier (M)
2 EL Semmelbrösel
Salz | Pfeffer
80 ml Gemüsebrühe

ZUBEREITUNGSZEIT: 45 Min.
GARZEIT: 50–60 Min.
PRO PORTION: ca. 460 kcal

1 Die Mangoldblätter waschen, trocken tupfen, erst längs vierteln, dann quer in ganz feine Streifen schneiden. Den Speck fein würfeln, Zwiebeln und Knoblauch schälen und ebenfalls fein würfeln.

2 Eine große ofenfeste Form mit etwas Öl ausstreichen. Das restliche Öl in einer beschichteten Pfanne erhitzen. Darin Speck, Zwiebeln und Knoblauch bei mittlerer bis starker Hitze andünsten. Mangold dazugeben und bei starker Hitze kurz mitbraten, bis er zusammenfällt und so viel Flüssigkeit wie möglich eingekocht ist, dann die Pfanne vom Herd nehmen.

3 Das Brot in Wasser einweichen. Paprikaschoten längs halbieren, putzen (wer mag, lässt die Stiele dran) und waschen. Den Zucchino und die Aubergine waschen, putzen und quer in ca. 6 cm breite Scheiben schneiden. Jede Scheibe so aushöhlen, dass ein 5 mm breiter Rand und ein dünner Boden stehen bleibt – das geht besonders gut mit einem kleinen Kugelausstecher. Tomaten waschen, halbieren und das Innere mit einem Löffel herauslösen.

4 Den Backofen auf 180° vorheizen. Petersilie und Basilikum waschen und trocken schütteln, Blättchen von den Stängeln zupfen und fein schneiden. Das eingeweichte Brot gut ausdrücken und zerzupfen. Das Wurstbrät aus der Pelle in eine Schüssel drücken. Hackfleisch, Brot, Mangoldmischung, Tomatenmark, getrocknete und frische Kräuter, Eier und die Semmelbrösel dazugeben, salzen und pfeffern und alles mit den Händen zu einer glatten Masse verkneten. Die Masse gleichmäßig so in die Gemüse verteilen, dass sich dabei kleine Hauben bilden.

5 Die gefüllten Gemüse in die Form setzen, die Brühe angießen. Dann die Form in den Ofen (Mitte, Umluft 160°) schieben und die Gemüse 50–60 Min. garen, bis sie weich sind und die Füllung schön gebräunt ist. Die Gemüse vor dem Servieren nur leicht oder lauwarm abkühlen lassen und eventuell mit einer Tomatensauce (siehe Seite 181) und Weißbrot servieren.

Auberginen in Wein-Kräuter-Sud

ZUTATEN für 4 Personen:
2 Auberginen (je ca. 300 g)
4 große Eiertomaten
1 große weiße Zwiebel
2 Knoblauchzehen
1 Zweig Rosmarin
6 Zweige Thymian
5 Stängel Oregano
3 Stängel Basilikum
15 schwarze Oliven (möglichst
  getrocknet, mit Stein)
150 ml Weißwein
Fleur de Sel (Meersalz,
  siehe Seite 101)
Pfeffer
60 ml Olivenöl
Alufolie

ZUBEREITUNGSZEIT: 25 Min.
GARZEIT: 1 Std. 20 Min.
PRO PORTION: ca. 195 kcal

1 Die Auberginen waschen und die Enden wegschneiden, dann die Auberginen quer in gut 1 cm dicke Scheiben schneiden. Die Tomaten waschen und ebenfalls in Scheiben schneiden, dabei die Stielansätze entfernen. Die Zwiebel schälen und in dünne Ringe schneiden. Den Knoblauch schälen und in dünne Scheiben schneiden. Die Kräuter waschen, trocken schütteln und in kleinere Zweigchen zupfen.

2 Den Backofen auf 200° vorheizen. Auberginen- und Tomatenscheiben abwechselnd dachziegelartig in eine flache ofenfeste Form schichten, dabei dazwischen je nach Lust und Laune Zwiebelringe, Knoblauchscheiben und Kräuterzweiglein legen und Oliven einstreuen. Wein darübergießen, dann alles kräftig mit Fleur de Sel und Pfeffer bestreuen und gleichmäßig mit Öl beträufeln. Die Form mit Alufolie zudecken und gut abdichten. Im Ofen (Mitte, Umluft 180°) ca. 20 Min. garen.

3 Die Ofentemperatur anschließend auf 180° (Umluft 160°) herunterschalten. Die Form aus dem Ofen nehmen und das Gemüse mit dem ausgetretenen Saft beträufeln. Wieder gut mit Alufolie abdecken, in den Ofen geben und ca. 1 Std. weitergaren. Dabei das Gemüse ruhig noch zwei- bis dreimal mit etwas Garsud beträufeln. Die Auberginen sollten am Ende weich, aber keinesfalls matschig sein. Am besten etwas abkühlen lassen, dann mit knusprigem ofenfrischen Ciabatta servieren, mit dem man den Sud auftunken kann.

GUT GEWÄHLT – Oliven sind nicht gleich Oliven
Für dieses Gericht eignen sich besonders die leicht runzligen, getrockneten, griechischen Oliven, die es im Glas ohne Lake zu kaufen gibt. Sie saugen sich beim Garen richtig schön mit dem Garsud voll.

La dolce vita –
Genießen mit Pasta,
Pizza und viel
frischem Grün.
Sonniger Süden und
Urlaub auf dem Teller.

Nudeln
mit Ofentomaten

ZUTATEN für 4 Personen:

500 g Kirsch- oder Dattel-
  tomaten
1 Knoblauchzehe
1 Zweig Rosmarin oder
  3 Zweige Thymian
1 TL Zucker
2 1/2 EL Aceto Balsamico
5 EL Olivenöl
Salz | Pfeffer
400 g Penne
80 g Pecorino oder Parmesan
  (am Stück)
5 Stängel Basilikum

ZUBEREITUNGSZEIT: 40 Min.
GARZEIT: 50 Min.
PRO PORTION: ca. 585 kcal

1 Den Backofen auf 175° vorheizen. Die Tomaten waschen und halbieren. Eine ofenfeste Form mit Backpapier auslegen und die Tomaten mit der Schnittfläche nach oben dicht an dicht hineinlegen.

2 Den Knoblauch schälen und in feine Scheiben schneiden. Rosmarin oder Thymian waschen und trocken schütteln, Blättchen von den Zweigen zupfen und grob hacken. Den Knoblauch zwischen die Tomaten stecken, Kräuter darauf verteilen, Zucker darüberstreuen. Balsamico und Olivenöl darüberträufeln und die Tomaten kräftig mit Salz und Pfeffer würzen. Im Ofen (Mitte, Umluft 160°) je nach Wunsch 40–50 Min. garen (siehe Tipp), dabei ein- bis zweimal vorsichtig mit dem ausgetretenen Saft begießen oder auch wenden.

3 Rechtzeitig vor Garzeitende reichlich Wasser zum Kochen bringen und salzen. Die Nudeln darin nach Packungsangabe al dente garen. Während die Nudeln kochen, den Käse in grobe Stücke brechen oder in Späne hobeln. Das Basilikum waschen, trocken schütteln und die Blätter grob zerzupfen.

4 Die fertigen Nudeln in ein Sieb abgießen und gut abtropfen lassen. Die Tomaten samt Garflüssigkeit mit den Nudeln mischen, Käse und Basilikum darübergeben und eventuell mit Pfeffer übermahlen.

NICHT NUR FÜR NUDELN GUT – *Tomaten aus dem Ofen*
Die Ofentomaten je nach Verwendungszweck kürzer oder länger garen – für Nudeln sind sie noch leicht saftig am besten (ca. 40 Min.), dagegen etwas trockener fein für Antipasti oder in Salaten (ca. 50 Min.). Und wer möchte, macht gleich eine größere Menge, für die es sich den Ofen anzuheizen lohnt. Die Tomaten, die dann nicht für die Pasta benötigt werden, abkühlen lassen, in ein Schraubglas füllen, mit Öl bedecken und gut verschließen. So halten sie sich 1–2 Wochen im Kühlschrank.

Schalotten-Auberginen-Couscous

ZUTATEN für 4 Personen:
3 Auberginen (je ca. 300 g)
600 g Schalotten
1 Knoblauchzehe
8 Zweige Thymian
40 g Walnusskerne
6 EL Olivenöl
Salz | Pfeffer
250 g Instant-Couscous
1/3 TL Kurkumapulver
3 EL Zucker
5 EL Aceto Balsamico
1/2 Bund Koriandergrün
50 g rote Johannisbeeren

ZUBEREITUNGSZEIT: 50 Min.
PRO PORTION: ca. 545 kcal

1 Auberginen waschen und von den Stielansätzen befreien. Jetzt bei jeder Aubergine von den beiden Längsseiten je zwei ca. 1 1/2 cm breite Scheiben abschneiden. Jede Aubergine auf eine Schnittfläche legen und von den restlichen Seiten mit Schale jeweils noch mal zwei Scheiben abschneiden. Den inneren, weichen Teil wegwerfen. Die Scheiben anschließend in ca. 1 1/2 cm breite Streifen, diese in Würfel schneiden. Die Schalotten schälen und längs in feine Scheiben schneiden. Den Knoblauch schälen und fein hacken. Den Thymian waschen und trocken schütteln, die Blättchen von den Stängeln abzupfen und hacken. Die Walnüsse halbieren oder vierteln.

2 In einer Pfanne ca. 1 EL Öl erhitzen. Darin die Walnüsse bei mittlerer Hitze goldbraun rösten, herausnehmen. Zusätzlich 3 EL Öl in die Pfanne geben, darin die Auberginen anbraten. Knoblauch und die Hälfte des Thymians dazugeben, salzen, pfeffern und die Auberginen in ca. 5 Min. unter Rühren fertig braten, dabei nach und nach ein paar Esslöffel Wasser dazu geben, damit die Auberginen nicht anbrennen (das Wasser sollte dabei jeweils sofort verdampfen!). Die Auberginen aus der Pfanne nehmen.

3 In einem Topf ca. 450 ml Wasser aufkochen, salzen, dann Couscous und Kurkuma einrühren und bei geringer Hitze 10 Min. zugedeckt ausquellen lassen. Inzwischen das restliche Öl in der Pfanne erhitzen und darin die Schalotten bei mittlerer Hitze hellbraun anbraten. Übrigen Thymian und Zucker darüberstreuen und karamellisieren lassen (dabei nicht rühren!). Sobald die Schalotten dunkler bräunen, umrühren und mit Balsamico ablöschen. Nochmals kurz unter Rühren weiterbraten.

4 Die Auberginen, den Couscous und die Walnüsse in die Pfanne geben und alles mischen, dann vom Herd nehmen. Das Koriandergrün waschen, trocken schütteln und grob hacken. Johannisbeeren waschen und von den Rispen streifen, Koriander und Johannisbeeren unter das Couscous heben. Etwas abkühlen lassen und lauwarm servieren.

UND DAZU – *erfrischender Joghurt*
Wer will, reicht zum Schalotten-Auberginen-Couscous noch etwas griechischen Naturjoghurt. Diesen einfach glatt rühren, leicht salzen und mit auf den Tisch stellen.

Italienisches Auberginengratin

1 Die Tomatensauce wie auf Seite 181 beschrieben zubereiten – eventuell ohne Zwiebel, aber dafür mit 2 Knoblauchzehen – und ca. 30 Min. kochen lassen. Basilikum waschen und trocken schütteln, die Blättchen von den Stängeln zupfen, fein schneiden und unter die fertige Sauce mischen.

2 Zwischendurch die Auberginen waschen, von den Stielansätzen befreien und längs in ca. 1 cm dicke Scheiben schneiden. Die Auberginenscheiben mit Salz bestreuen, in ein Sieb legen und Wasser ziehen lassen. Dann die Auberginen mit Küchenpapier gut trocken tupfen, beidseitig pfeffern.

3 Nach und nach jeweils ca. 2 EL Olivenöl in einer großen beschichteten Pfanne erhitzen und darin die Auberginen portionsweise bei mittlerer Hitze von beiden Seiten hellbraun braten. Dabei immer wieder mit einer Gabel aufs Fruchtfleisch drücken, damit so viel Wasser wie möglich verdunsten kann. Herausnehmen und auf Küchenpapier abtropfen lassen.

4 Den Backofen auf 180° vorheizen. Den Mozzarella mit Küchenpapier trocken tupfen und in dünne Scheiben schneiden. Den Boden einer ofenfesten Form mit der Hälfte der Auberginenscheiben auslegen, darauf ein Drittel des Parmesans streuen, darüber die Hälfte des Mozzarella verteilen. Darauf die Hälfte der Tomatensauce geben und glatt streichen. Wiederum Auberginen, Parmesan, Mozzarella und Tomatensauce einschichten, dann alles mit dem letzten Drittel Parmesan bestreuen. Im Ofen (Mitte, Umluft 160°) 35–40 Min. garen. Das Ganze vor dem Servieren lauwarm oder auch vollständig auskühlen lassen, eventuell Weißbrot dazu reichen.

ZUTATEN für 6–8 Personen:
1 Rezept Tomatensauce (siehe
  Seite 181)
3 Stängel Basilikum
3 Auberginen (je ca. 300 g)
Salz | Pfeffer
2 Kugeln Büffelmozzarella
  (je 200 g)
50 g frisch geriebener Parmesan
Olivenöl zum Braten

ZUBEREITUNGSZEIT:
  1 Std. 30 Min.
GARZEIT: 35–40 Min.
PRO PORTION (bei 8 Personen):
  ca. 220 kcal

Ferien laune

Artischocken mit Kräuter-Ei-Vinaigrette

1 Den Saft der Zitrone auspressen und mit reichlich Wasser in einen Topf geben. Die Artischocken waschen, Stiele wegschneiden und eventuell die äußersten harten Blattspitzen der Artischocken mit einem scharfen Messer oder einer Schere abschneiden. Artischocken dann sofort in das Zitronenwasser im Topf geben, damit sie sich an den Schnittstellen nicht braun verfärben. Das Wasser zum Kochen bringen, salzen und die Artischocken zugedeckt bei mittlerer Hitze 40–45 Min. garen, bis sie weich sind – die Blätter müssen sich leicht herauslösen lassen.

2 Zwischenzeitlich die Eier in ca. 10 Min. hart kochen, kalt abschrecken, kurz abkühlen lassen und schälen. Dann die Eier halbieren, Eigelbe herauslösen und mit einer Gabel grob zerdrücken, Eiweiße fein hacken.

3 Die Tomate waschen, quer halbieren und die Kerne mit einem spitzen kleinen Messer herauslösen. Das Fruchtfleisch in kleine Würfel schneiden, dabei die Stielansätze entfernen. Das Salz von den Sardellenfilets abspülen, die Filets trocken tupfen und mit den Kapern fein hacken. Kräuter waschen und trocken schütteln. Die Basilikum- und Petersilienblättchen von den Stängeln zupfen und fein hacken, Schnittlauch in feine Röllchen schneiden.

4 Sherryessig, Olivenöl und die zerdrückten Eigelbe kräftig verrühren, dann gehackte Eiweiße, Tomatenwürfel, gehackte Sardellen, Kapern und die Kräuter unterrühren, salzen und pfeffern. Die Vinaigrette durchziehen lassen, bis die Artischocken gar sind.

5 Die Vinaigrette in kleine Schälchen, Schüsseln oder Tassen füllen. Die Artischocken mit einem Schaumlöffel aus dem Kochwasser heben, kurz abtropfen lassen, auf Teller oder eine Platte setzen und mit der Kräuter-Ei-Vinaigrette zum Dippen servieren – perfekt als Vorspeise oder auch als leichtes Abendessen.

ZUTATEN für 4 Personen:
1 Zitrone
4 große Artischocken
Salz
4 Eier (M)
1 Fleischtomate
3 Sardellenfilets (in Salz eingelegt)
1 TL Kapern
je 4 Stängel Basilikum und Petersilie
1/3 Bund Schnittlauch
1–2 EL Sherryessig
100 ml Olivenöl
Pfeffer

ZUBEREITUNGSZEIT: 50 Min.
PRO PORTION: ca. 360 kcal

Frittierte Kräuter-Käse-Täschchen

ZUTATEN für ca. 40 Stück:

Für den Teig:
250 g Mehl
1/2 TL Salz
1 TL Kreuzkümmelsamen
3 EL Butter
Mehl zum Arbeiten
Öl zum Frittieren

Für die Füllung:
150 g Schafkäse (Feta)
2 EL Frischkäse
1 Ei (M)
50 g weiche Butter
1 kleine Knoblauchzehe
10 Stängel Minze
5 Stängel Dill
1/2 Bio-Zitrone
Salz | Pfeffer
edelsüßes Paprikapulver

ZUBEREITUNGSZEIT:
1 Std. 30 Min.
KÜHLZEIT: 30–45 Min.
PRO STÜCK: ca. 55 kcal

1 Für den Teig das Mehl mit dem Salz mischen, den Kreuzkümmel grob hacken und ebenfalls untermischen. Butter in Stückchen schneiden und mit dem Mehl mit den Händen zügig zu Bröseln verreiben. Dann nach und nach ca. 100–150 ml Wasser unterkneten, bis ein weicher, formbarer Teig entstanden ist. Nochmals 5 Min durchkneten, bis der Teig glatt und elastisch ist. Zur Kugel rollen und zugedeckt beiseitestellen.

2 Für die Füllung den Schafkäse mit einer Gabel grob zerdrücken. Frischkäse und Ei unterrühren, dann die Butter dazugeben und alles möglichst glatt rühren. Den Knoblauch schälen und durch die Presse drücken. Die Kräuter waschen und trocken schütteln, die Blättchen von den Stängeln zupfen und fein hacken. Die Zitrone heiß waschen, abtrocknen und die Schale fein abreiben, 2 EL Saft auspressen. Knoblauch, Kräuter, Zitronensaft- und schale unter die Käsecreme rühren und mit Salz, Pfeffer und Paprikapulver würzen.

3 Den Teig auf einer bemehlten Arbeitsfläche 2–3 mm dick ausrollen. Mit einer runden Ausstechform oder einem Glas (ca. 7 cm Ø) ca. 40 Teigkreise ausstechen. Auf eine Hälfte jedes Teigkreises 1–2 TL Füllung geben, dabei einen Rand lassen. Den Rand mit wenig Wasser bepinseln, dann die leere Teigseite über die Füllung klappen und die Täschchen an der Naht sehr gut zusammendrücken (eventuell mit einer Gabel). Die Täschchen in den Kühlschrank legen und in 30–45 Min. fest werden lassen.

4 Frittieröl in einer Fritteuse oder einem großen, hohen Topf erhitzen. Das Öl ist heiß genug, wenn am Stiel eines hineingehaltenen Holzlöffels kleine Bläschen hochperlen. Dann die Kräuter-Käse-Täschchen portionsweise ins Öl geben und 2–3 Min. ausbacken, dabei zwischendurch einmal mit einem Schaumlöffel wenden. Anschließend die Täschchen mit dem Schaumlöffel herausnehmen und auf Küchenpapier abtropfen lassen. Die bereits fertigen Täschchen im ca. 60° heißen Backofen warm halten, bis alle Täschchen frittiert sind, und dann alle auf einmal warm servieren – zum Aperitif oder als Snack mit einem erfrischenden Blattsalat.

Hefeteig und Tomatensugo für die Pizzette

1 Für den Teig die Hefe in eine Tasse bröckeln, mit Zucker überstreuen und knapp 50 ml lauwarmes Wasser darübergießen. Zugedeckt an einem warmen Ort 15 Min. ruhen lassen.

2 Beide Mehlsorten mit Salz mischen. Etwa 150 ml lauwarmes Wasser mit dem Öl mischen und zum Mehl gießen. Den Hefeansatz dazugeben und alles mit einem Holzlöffel rasch verrühren. Dann entweder mit dem Knethaken des Handrührgeräts ca. 6 Min. oder mit den Händen ca. 8 Min. kräftig durchkneten – der Teig sollte weich und eher klebrig sein.

3 Etwas Mehl auf die Arbeitsfläche streuen, den Hefeteig daraufgeben. Den Teig mit den Fingern beider Hände von oben her immer wieder „einstechen" und so in die Breite „drücken", dass er viele, kleine Dellen erhält (siehe auch Seite 212). Auf diese Weise ein ca. 30 x 30 cm großes Quadrat formen. Eine Seite des Teigquadrats zur Mitte hin einschlagen, dann die gegenüberliegende Seite darüberschlagen und das „Fingerdrücken" wiederholen, damit der Hefeteig viele Luftblasen bekommt und später schön luftig wird. Den Teigfladen mit einem Teigschaber von der Arbeitsfläche lösen, dann ein Küchentuch darüberlegen und 30 Min. gehen lassen.

4 Anschließend den Teig auf der bemehlten Arbeitsfläche ca. 1 cm dick ausrollen und mit einer runden Ausstechform (12 cm Ø) oder einer kleinen Schüssel 18 Kreise ausstechen. Die Fladen auf zwei mit Backpapier belegte Bleche legen und ca. 5 Std. zugedeckt an einem kühlen Ort ruhen lassen.

5 Zwischendurch für den Sugo den Knoblauch schälen und fein hacken. Das Öl in einem Topf erhitzen, darin den Knoblauch andünsten. Tomaten dazugeben, mit Salz, Pfeffer und Oregano würzen. Die Tomaten offen bei geringer Hitze in ca. 30–45 Min. zu einer dickflüssigen Sauce einkochen lassen, dabei gelegentlich umrühren.

6 Den Backofen auf 270° (bzw. auf höchster Stufe, Umluft 250°) vorheizen. Die gegangenen Teigfladen in der Mitte leicht mit den Fingern eindrücken und so einen kleinen Rand formen. Bis zum Rand dünn mit etwas Sugo bestreichen, dann mit Belag nach Wahl belegen und backen (siehe rechts).

ZUTATEN für 18 Stück (12 cm Ø):

Für den Teig:
10 g frische Hefe (ca. 1/4 Würfel)
2 Prisen Zucker
300 g Mehl (Type 550)
80 g Mehl (Type 1050)
1 TL Salz
5 EL Olivenöl
Mehl zum Arbeiten
Backpapier

Für den Sugo:
1 Knoblauchzehe
2 EL Olivenöl
400 g passierte Tomaten (aus dem Tetrapak)
Salz | Pfeffer
1 TL getrockneter Oregano

ZUBEREITUNGSZEIT: 40 Min.
RUHEZEIT: 5 Std. 45 Min.
PRO STÜCK: ca. 115 kcal

Pizzette mit Spinat und Ricotta

1 Wie links beschrieben Hefeteig und Tomatensugo zubereiten, Teigfladen formen und gehen lassen. Dann Backofen auf 270° (Umluft 250°) vorheizen.

2 Für den Belag Spinat waschen, verlesen und putzen. Knoblauch schälen und fein hacken. Öl in einem großen Topf erhitzen, darin den Knoblauch andünsten. Spinat dazugeben und bei starker Hitze zusammenfallen lassen (TK-Spinat gefroren in den Topf geben und unter Rühren auftauen lassen), salzen und pfeffern. Dann den Spinat in ein Sieb geben, abtropfen lassen, gut ausdrücken und grob hacken.

3 Das Basilikum waschen und trocken schütteln, die Blättchen von den Stängeln zupfen, fein hacken und mit Ricotta mischen. Mit Salz, Pfeffer und Chili würzen. Teigfladen wie links beschrieben mit Sugo bestreichen, dann jeweils abwechselnd 3 knappe TL Ricotta und Spinat auf jeden Teigfladen setzen. Die Pizzette im Ofen (Mitte) in ca. 10 Min. goldbraun backen.

ZUTATEN für 18 Stück:
1 Rezept Hefeteig und Tomatensugo (siehe links)
600 g Blattspinat (ersatzweise
 400 g TK-Spinat)
1 Knoblauchzehe
1 EL Olivenöl | Salz | Pfeffer
4 Stängel Basilikum
250 g Ricotta | Chilipulver

ZUBEREITUNGSZEIT: 25 Min.
BACKZEIT: 10 Min.
PRO STÜCK: ca. 150 kcal

Pizzette mit Rucola und Bresaola

1 Wie links beschrieben Hefeteig und Tomatensugo zubereiten, Teigfladen formen und gehen lassen. Dann Backofen auf 270° (Umluft 250°) vorheizen.

2 Für den Belag den Büffelmozzarella gründlich trocken tupfen und in 18 Scheiben schneiden. Die Teigfladen wie links beschrieben mit Sugo bestreichen, dann jeweils in der Mitte mit 1 Scheibe Mozzarella belegen, mit Pfeffer würzen und gleichmäßig mit Pinienkernen bestreuen. Pizzette im Ofen (Mitte) in ca. 10 Min. goldbraun backen.

3 In der Zwischenzeit Tomaten aus dem Öl nehmen und in feine Streifen schneiden. Rucola waschen, trocken tupfen, grobe Stiele wegschneiden und die Blätter in kleine Stücke zupfen. Den Balsamico mit 3 EL Tomatenöl verrühren, Rucola und Tomatenstreifen darin wenden. Die fertig gebackenen Pizzette aus dem Ofen nehmen, jeweils etwas Rucola-Tomaten-Mischung darauf verteilen und 1 locker aufgerollte Scheibe Bresaola darauflegen (oder eine 1/2 Scheibe Parmaschinken).

ZUTATEN für 18 Stück:
1 Rezept Hefeteig und Tomatensugo (siehe links)
2 Kugeln Büffelmozzarella
 (je 200 g)
Pfeffer | 60 g Pinienkerne
6 getrocknete Tomaten (in Öl
 eingelegt) | 1 Bund Rucola
2 EL Aceto Balsamico
18 Scheiben Bresaola (ca. 120 g,
 ersatzweise 9 Scheiben Parmaschinken)

ZUBEREITUNGSZEIT: 25 Min.
PRO STÜCK: ca. 210 kcal

Spaghetti mit Muscheln und Zucchini

ZUTATEN für 4 Personen:
750 g Venusmuscheln
3 Tomaten
2 Zucchini
2 Schalotten
2 Knoblauchzehen
1 rote Chilischote
1/2 Bund Petersilie
Salz
450 g Spaghetti
3 EL Olivenöl
Pfeffer
100 ml Weißwein
1 EL Butter

ZUBEREITUNGSZEIT: 30 Min.
PRO PORTION: ca. 680 kcal

1 Die Muscheln in kaltem Wasser waschen, dabei alle offenen Muscheln auslesen und wegwerfen. Die geschlossenen Muscheln in ein Sieb geben und abtropfen lassen.

2 Tomaten kreuzweise einritzen, in einer kleinen Schüssel mit kochend heißem Wasser übergießen und kurz stehen lassen. Die Zucchini waschen, putzen und längs in ca. 1 cm dicke Scheiben schneiden. Die Scheiben übereinanderlegen und längs in 1 cm breite Streifen, diese dann quer in 1 cm große Würfelchen schneiden. Schalotten und Knoblauch schälen und getrennt klein würfeln. Die Chilischote waschen, entstielen, längs halbieren, entkernen und quer in feine Streifen schneiden. Petersilie waschen, trocken schütteln und mit den Stielen nicht zu fein hacken. Die Tomaten aus dem Wasser nehmen, die Haut abziehen und das Fruchtfleisch klein würfeln, dabei die Stielansätze entfernen und den ablaufenden Saft auffangen.

3 In einem großen Topf für die Nudeln reichlich Wasser aufsetzen, zum Kochen bringen und salzen. Die Spaghetti hineingeben und nach Packungsangabe al dente kochen, anschließend in ein Sieb abgießen und mit einem Topfdeckel abdecken.

4 Zwischendurch in einer großen beschichteten Pfanne 2 EL Öl richtig heiß werden lassen. Zucchiniwürfel und die Hälfte des Knoblauchs dazugeben und unter Rühren braten, bis die Zucchini bräunen. Salzen, pfeffern, mit 2–3 Schluck Wein ablöschen und bei mittlerer Hitze schmoren, bis die Zucchini gar sind, aber noch Biss haben (eventuell ein paar Löffel Wasser zugeben, falls sie drohen anzubrennen). Zucchini aus der Pfanne nehmen.

5 Übriges Öl in der Pfanne heiß werden lassen. Schalotten, Chilischote und den übrigen Knoblauch darin andünsten, dann die Tomaten samt Saft und die Muscheln dazugeben. Bei starker Hitze 2–3 Min. kochen, dann mit dem übrigen Wein ablöschen, salzen und pfeffern. Bei mittlerer Hitze noch 3–5 Min. kochen, bis sich alle Muscheln geöffnet haben (alle, die nicht aufgehen, aussortieren und nicht essen) und die Sauce gut eingekocht ist.

6 Die Zucchini in die Sauce rühren und heiß werden lassen, dann die Pfanne vom Herd nehmen, Butter untermischen und die Nudeln mit der Petersilie unterheben. 1 Min. nachziehen lassen, dann sofort servieren.

*Wenn die Schatten
an glühend heißen Mauern
langsam wieder länger werden:
ein Hauch von Kühle.
Endlich Abendsiesta.
Und ein Glas Wein
mit Freunden.*

Doraden
auf Fenchelgemüse

ZUTATEN für 4 Personen:
6 kleine Knollen Fenchel
  (ca. 1,2 kg)
6 Zweige Thymian
1 Knoblauchzehe
5 EL Olivenöl
Salz | Pfeffer
200 ml Weißwein
200 ml Orangensaft
1 Msp. gemahlener Safran
1 TL gekörnte Gemüsebrühe
1 Bio-Zitrone
4 küchenfertige Doraden (je
  ca. 400 g) oder 2 Doraden
  (je ca. 800 g)
16 schwarze Oliven

ZUBEREITUNGSZEIT: 25 Min.
GARZEIT: 50 Min.
PRO PORTION: ca. 620 kcal

1 Den Fenchel waschen, die Stängel abschneiden und 6 davon in Würfelchen schneiden (es sollten ca. 4 EL sein), beiseitestellen. Fenchelknollen vierteln und den Strunk keilförmig so herausschneiden, dass die einzelnen Blattschichten noch zusammenhalten. Thymian waschen, trocken schütteln und die Blättchen von den Zweigen zupfen. Die Knoblauchzehe schälen und fein hacken.

2 Den Backofen auf 180° vorheizen. Gut 2 EL Öl in einer beschichteten großen Pfanne richtig heiß werden lassen. Die Fenchelviertel hineingeben, salzen und pfeffern und rundherum leicht braun anbraten. Den Fenchel aus der Pfanne nehmen.

3 Noch 1 EL Öl in die Pfanne geben und darin den Knoblauch andünsten. Mit 1 Schuss Weißwein ablöschen. Wenn der Wein fast eingekocht ist, die Fenchelviertel, den restlichen Wein und den Orangensaft dazugeben. Aufkochen, Safran, gekörnte Brühe und die Hälfte des Thymians unterrühren und alles 2 Min. köcheln lassen. Dann in eine flache ofenfeste Form geben und im Ofen (Mitte, Umluft 160°) ca. 30 Min. garen.

4 Zitrone heiß waschen und abtrocknen, 2 Scheiben aus der Mitte herausschneiden und jeweils vierteln. Die Doraden unter fließendem Wasser abspülen, dann innen und außen gut trocken tupfen. Die Fenchelwürfel, die Zitronenscheibenviertel und übrigen Thymian gleichmäßig in den Bäuchen der Fische verteilen.

5 Die Fische beidseitig mit restlichem Öl bepinseln, salzen und pfeffern. Fenchel aus dem Ofen nehmen, die Oliven unterrühren, die Fische darauflegen und dann alles im Ofen weitere 20–25 Min. garen. Wer will, schaltet ca. 5 Min. vor Garzeitende noch den Grill zu, damit die Fische noch leicht bräunen. Am besten in der Form servieren und ofenfrisches Baguette oder Couscous dazu reichen.

Sardinenröllchen mit Mangoldfüllung

ZUTATEN für 4 Personen:
300 g junger Mangold
1 kleine Zwiebel
1 Knoblauchzehe
1 EL Rosinen
2 EL Pinienkerne
5–6 EL Olivenöl
Salz | Pfeffer
50 ml Weißwein (nach
  Belieben)
1/2 Bund Petersilie
2 Bio-Zitronen
8–10 Sardinenfilets
  (je ca. 80–100 g)
3 EL Semmelbrösel
Olivenöl für die Form
Holzspießchen oder
  Zahnstocher

ZUBEREITUNGSZEIT: 40 Min.
GARZEIT: 20 Min.
PRO PORTION: ca. 440 kcal

1 Den Mangold waschen, vom Strunk befreien und putzen. Die Stiele von den Blättern trennen und erst längs in ca. 1/2 cm breite Streifen, dann bündelweise quer in feine Würfelchen schneiden. Die Blätter längs vierteln und anschließend quer in sehr feine Streifen schneiden oder hacken. Zwiebel und Knoblauch schälen und fein würfeln. Die Rosinen mit heißem Wasser überbrühen und quellen lassen.

2 Die Pinienkerne in einer Pfanne bei mittlerer Hitze rösten, bis sie hell bräunen, und herausnehmen. 2 EL Öl in die Pfanne geben und darin die Zwiebel und den Knoblauch andünsten. Mangoldstiele dazugeben, salzen, pfeffern und unter Rühren 3–4 Min. braten (sie sollten nicht bräunen). Nach Belieben den Wein dazugießen und die Stiele weiterbraten, bis die Flüssigkeit eingekocht ist. Mangoldblätter dazugeben und alles weitere 3–5 Min. braten, bis das Gemüse gar ist, aber noch etwas Biss hat.

3 Die Rosinen in ein Sieb abgießen, abtropfen lassen und mit den Pinienkernen hacken. Petersilie waschen und trocken schütteln, die Blättchen von den Stängeln zupfen und fein hacken. Alles unter den Mangold rühren, mit Salz und Pfeffer abschmecken, abkühlen lassen. Die Zitronen heiß waschen und abtrocknen, von 1 Zitrone die Hälfte der Schale fein abreiben. Beide Zitronen halbieren und den Saft von 1 1/2 Zitronen auspressen, die übrige Zitronenhälfte in Scheiben schneiden.

4 Den Backofen auf 200° (Umluft 180°) vorheizen. Die Sardinen kalt abspülen, trocken tupfen und flach mit der Hautseite nach unten auslegen, salzen und pfeffern. Semmelbrösel und Zitronenschale unter die Mangoldmasse mengen und jeweils ein wenig von der Masse auf die Kopfenden der Filets geben, leicht festdrücken, das Schwanzende darüberschlagen und mit Holzspießchen feststecken.

5 Eine ofenfeste Form dünn mit Öl ausstreichen. Sardinenröllchen in die Form legen, mit 1–2 EL Öl beträufeln, salzen und pfeffern. Im Ofen (Mitte) knapp 10 Min. garen. Inzwischen den Zitronensaft mit dem übrigen Öl verquirlen. Die Sardinen damit übergießen und weitere 10 Min. garen. Aus dem Ofen nehmen, leicht abkühlen lassen und mit den Zitronenscheiben servieren. Sie passen auch kalt auf ein sommerliches Büfett, dazu noch mal mit etwas Zitronensaft beträufeln und mit gehackter Petersilie bestreuen.

Seeteufel mit Oliven-Artischocken-Sauce

1 Den Saft der Orange auspressen und mit Fischfond und Wermut in einen Topf geben. Bei starker Hitze auf knapp die Hälfte einkochen lassen, anschließend vom Herd nehmen und den Sud etwas abkühlen lassen.

2 Inzwischen Basilikum und Petersilie waschen und trocken schütteln, die Blättchen von den Stängeln zupfen. Oliven und Artischockenherzen grob schneiden und mit den Kräutern, 5 EL Öl und dem Zitronensaft mit dem Pürierstab zerkleinern.

3 Die Fischkoteletts trocken tupfen, eventuell noch die Haut entfernen, dann mit Salz und Pfeffer würzen. Das übrige Öl und ca. 1 EL Butter in einer großen Pfanne erhitzen und die Koteletts darin bei mittlerer Hitze 2–3 Min. pro Seite braten. Die Pfanne vom Herd nehmen, den Fisch darin noch etwas ziehen lassen.

4 Inzwischen den eingekochten, noch warmen Fischsud nach und nach zum Oliven-Artischocken-Püree gießen und alles mit dem Pürierstab fein pürieren, dabei nur so viel Sud zugeben, dass eine leicht sämige Sauce entsteht. Die Sauce mit Salz und Pfeffer abschmecken. Ganz zum Schluss noch die restliche Butter untermixen, bis die Sauce leicht schaumig ist.

5 Die Seeteufelkoteletts auf vorgewärmten Tellern verteilen und mit der Oliven-Artischocken-Sauce anrichten. Sehr fein schmecken dazu Ofenkartoffeln (siehe Seite 91 – allerdings ohne den Rosmarin zubereitet).

ZUTATEN für 4 Personen:
1 Orange
150 ml Fischfond (aus dem Glas)
75 ml Wermut (z. B. Noilly Prat,
    ersatzweise Fischfond und 1 EL
    Zitronensaft)
1/2 großes Bund Basilikum
    (ca. 70 g)
10 Stängel Petersilie
15 grüne Oliven (ohne Stein)
3 Artischockenherzen (in Salz-
    lake eingelegt)
7 EL Olivenöl
1 TL Zitronensaft
12 Seeteufelkoteletts
    (je ca. 60 g)
Salz | Pfeffer
2 EL kalte Butter

ZUBEREITUNGSZEIT: 30 Min.
PRO PORTION: ca. 355 kcal

Zitronenhuhn mit Honigfeigen

ZUTATEN für 4 Personen:
4 Hähnchenkeulen (je ca. 280 g)
1 große Zwiebel
1 Knoblauchzehe
1/4 Bund Petersilie
1/2 Bund (Zitronen-)Thymian
1 große Chilischote
1 1/2 Bio-Zitronen
6 EL Olivenöl
Salz | Pfeffer
300 ml Hühnerbrühe
6 Feigen
2 EL Butter
2 EL Honig

ZUBEREITUNGSZEIT: 25 Min.
MARINIERZEIT: 6 Std.
GARZEIT: 45 Min.
PRO PORTION: ca. 520 kcal

1 Die Hähnchenkeulen im Gelenk durchtrennen, kalt abspülen und gründlich trocken tupfen. Die Zwiebel und den Knoblauch schälen und möglichst fein hacken. Die Kräuter waschen und trocken schütteln, die Blättchen von den Stängeln zupfen und grob hacken. Chilischote waschen, entstielen, halbieren und die Kerne und Trennwände herauskratzen, dann die Schote in schmale Streifen schneiden. Die 1/2 Zitrone auspressen, den Saft mit Zwiebel, Knoblauch, Kräutern, Chili und 4 EL Öl mischen. Die Hähnchenteile in dieser Mischung wenden und zugedeckt mind. 6 Std. (oder über Nacht) im Kühlschrank durchziehen lassen.

2 Dann den Backofen auf 190° vorheizen. Übrige Zitrone heiß waschen und in dünne Scheiben schneiden. Die Zwiebel-Kräuter-Mischung mit einer Gabel von den Hähnchenteilen kratzen und auffangen. Die Hähnchenteile salzen und pfeffern.

3 Übriges Olivenöl in einem flachen Bräter erhitzen und die Hähnchenteile darin bei mittlerer bis starker Hitze rundherum hellbraun anbraten. Herausnehmen, eventuell überschüssiges Öl abgießen. Dann die Zwiebel-Kräuter-Mischung in den Bräter geben und ca. 2 Min. unter Rühren andünsten. Die Brühe angießen, einmal aufkochen lassen dann vom Herd nehmen. Die Hähnchenteile mit der Haut nach oben mit den Zitronenscheiben in den Bräter legen und offen im Ofen (Mitte, Umluft 175°) in ca. 45 Min. goldbraun braten.

4 Die Feigen ca. 10 Min. vor Garzeitende waschen und längs vierteln. Die Butter in einer beschichteten Pfanne schmelzen, die Feigen mit einer Schnittseite nach unten einlegen und bei mittlerer Hitze ca. 1 Min. braten, dann auf die zweite Schnittseite wenden und 1 Minute braten. Den Honig darüberträufeln, Feigen kräftig darin schwenken, auf die Hautseite drehen und noch kurz ziehen lassen. Zum Huhn geben und 2–3 Min. mitgaren. Das Hähnchen schmeckt besonders gut mit Couscous oder Fladenbrot.

Weißweinkaninchen mit Kapern und Oliven

ZUTATEN für 4 Personen:
1 großes Kaninchen (ohne die Innereien, Kaninchen vom Metzger in 8–10 Teile zerlegen lassen)
Salz | Pfeffer
1 kleine Möhre
2 Stangen Staudensellerie
1 Zwiebel
1 Knoblauchzehe
1 großer Zweig Rosmarin
5 Zweige Thymian
5 EL Olivenöl
300 ml trockener Weißwein
1 Lorbeerblatt
100 ml Gemüse- oder Hühnerbrühe (bei Bedarf)
8 Stängel Petersilie
15 grüne Oliven (ohne Stein)
1 EL Kapern

ZUBEREITUNGSZEIT: 35 Min.
GARZEIT: 1 Std. 30 Min.
PRO PORTION: ca. 905 kcal

1 Die Kaninchenteile waschen, gut trocken tupfen und rundherum salzen und pfeffern. Die Möhre schälen, den Staudensellerie waschen und putzen, dann beides möglichst winzig klein würfeln oder hacken. Die Zwiebel und den Knoblauch schälen und ebenfalls winzig würfeln. Rosmarin und Thymian waschen und trocken schütteln, den Rosmarinzweig in kleine Zweigchen zerteilen.

2 In einem Bräter 3 EL Olivenöl erhitzen. Darin die Kaninchenteile rundherum bei mittlerer Hitze so anbraten, dass sie nur ganz leicht bräunen, dann herausnehmen. Restliches Öl in den Bräter geben und heiß werden lassen. Zwiebel, Knoblauch, klein geschnittenes Gemüse, Rosmarin- und Thymianzweige zugeben und bei mittlerer Hitze andünsten. Mit 1 guten Schuss Wein ablöschen, den Wein einkochen lassen. Dann übrigen Wein mit dem Lorbeerblatt in den Bräter geben und die Kaninchenteile darin verteilen. Zugedeckt ca. 1 Std. 15 Min. bei geringer Hitze schmoren lassen. Dabei ab und an das Fleisch wenden; sollte die Sauce zu sehr einkochen, ganz wenig Brühe dazugießen.

3 Petersilie waschen, trocken schütteln und mit den Stängeln fein hacken. Die Oliven und die Kapern klein schneiden, die Hälfte davon fein hacken. Alles unter Fleisch und Sauce rühren und weitere 10 Min. garen. Zuletzt die Hitze etwas erhöhen und die Sauce 5 Min. leicht einkochen lassen. Mit Salz und Pfeffer abschmecken und im Topf mit Weißbrot servieren.

SCHON MAL PROBIERT – *Kapernäpfel?*
Nicht nur optisch verleihen Kapernäpfel diesem Gericht den letzten Kick. Die Früchte des Kapernbusches sind größer und milder als die kleinen Blütenknospen, die man normalerweise kennt. Wer den herb-säuerlichen Kaperngeschmack mag, gibt einfach noch 5–8 Kapernäpfel zusammen mit den anderen Kapern zum Kaninchen.

Lammkeule
mit weißen Bohnen

ZUTATEN für 6 Personen:

Für die Bohnen:
300 g getrocknete weiße
   Bohnen
1 Zwiebel
2 Knoblauchzehen
2 Zweige Rosmarin
4 Zweige Thymian
100 g geräucherter durchwachsener Speck (mit Schwarte)
Salz
4 Tomaten
3 EL Olivenöl
Pfeffer

Für die Keule:
1,2 kg Lammkeule
   (ohne Knochen)
3 Zweige Rosmarin
8 Zweige Thymian
2 Knoblauchzehen
4 EL weiche Butter
Salz | Pfeffer
1 Zwiebel
1 Möhre
1 Tomate
2 Stangen Staudensellerie
4–6 EL Olivenöl
1/4 l Weißwein (ersatzweise
   Lammfond)

ZUBEREITUNGSZEIT: 1 Std.
EINWEICHZEIT: 12 Std.
GARZEIT: 1 Std. 40 Min.
PRO PORTION: ca. 780 kcal

1 Bohnen in reichlich Wasser 12 Std. (am besten über Nacht) einweichen. Dann in ein Sieb abgießen und mit 1 1/2 l frischem Wasser in einen Topf geben. Zwiebel und Knoblauch schälen und beides getrennt fein würfeln. Rosmarin und Thymian waschen, mit Zwiebel, der Hälfte des Knoblauchs und dem Speck zu den Bohnen geben. Alles aufkochen und bei mittlerer Hitze ca. 1 Std. 30 Min. kochen lassen, bis die Bohnen gar, aber nicht zu weich sind, erst am Schluss salzen. Die Garzeit kann je nach Lagerzeit oder Qualität der Bohnen sehr variieren, deshalb immer wieder mal probieren.

2 Inzwischen den Backofen auf 180° vorheizen. Die Lammkeule waschen, trocken tupfen, eventuell Fett und Sehnen wegschneiden. Kräuter waschen, trocken schütteln, die Hälfte davon beiseitelegen, die Blättchen der anderen Hälfte fein hacken. Knoblauch schälen, 1 Zehe in dünne Stifte schneiden, die andere zu den gehackten Kräutern pressen. Butter ebenfalls dazugeben und mit einer Gabel alles gut vermengen, salzen, pfeffern und kalt stellen. Die Keule rundherum mit einem spitzen Messer einstechen und je 1 Knoblauchstift und 2 Rosmarinnadeln (von den beiseitegelegten Zweigen) hineinstecken, Fleisch salzen und pfeffern. Zwiebel und Möhre schälen, Tomate und Sellerie waschen und putzen. Das Gemüse in Stücke schneiden.

3 In einem Bräter das Olivenöl erhitzen, darin die Keule rundherum bei starker Hitze anbraten. Überschüssiges Bratfett eventuell abgießen, Gemüse und übrige Kräuterzweige in den Bräter geben und die Hälfte der Kräuterbutter auf der Keule verteilen. Im Ofen (Mitte, Umluft 160°) 15 Min. garen, dann den Wein zugießen und die Keule ca. 1 Std. weitergaren, dabei nach der Hälfte der Garzeit den Rest der Kräuterbutter darauf verteilen.

4 Die Bohnen in ein Sieb abgießen, dabei den Kochsud auffangen. Speck und Kräuterstängel herausfischen. Tomaten waschen und klein würfeln, dabei die Stielansätze entfernen. In einer Pfanne das Öl erhitzen, darin den übrigen Knoblauch andünsten. Tomaten dazugeben, salzen, pfeffern und bei starker Hitze 1–2 Min. kochen. Bohnen untermischen, eventuell etwas Kochsud angießen, salzen und pfeffern. Das Fleisch aus dem Ofen nehmen, kurz zugedeckt ruhen lassen. Währenddessen die Sauce durch ein feines Sieb gießen (Gemüse gut auspressen), auffangen und in einem Topf 3–4 Min. bei starker Hitze einkochen lassen, salzen und pfeffern. Das Lammfleisch in Scheiben schneiden und mit der Sauce, den Bohnen und Baguette servieren.

Kräuterrollbraten mit Fenchelsauce

ZUTATEN für 4–6 Personen:
3/4 Bund Thymian
1/2 Bund Majoran
1 großer Zweig Rosmarin
1/2 Bio-Zitrone
4 Knoblauchzehen
4 EL Olivenöl
je 1 1/2 EL körniger Senf
  und Dijon-Senf
1 1/2 EL Fenchelsamen
Salz | Pfeffer
1 kg Schweinerollbraten (aus
  dem Rücken, vom Metzger
  eventuell die Schwarte wegschneiden und das Fleisch-
  stück zurechtschneiden
  lassen)
1 große Zwiebel
1 große Möhre
1 Knolle Fenchel (möglichst
  mit Grün)
1 EL Tomatenmark
100 ml Wermut (z. B. Noilly
  Prat, ersatzweise Kalbsfond)
100 ml Weißwein (ersatzweise
  Kalbsfond)
400 ml Kalbsfond (aus
  dem Glas)
Küchengarn zum Binden

ZUBEREITUNGSZEIT: 45 Min.
GARZEIT: 1 Std. 10 Min.
PRO PORTION (bei 6 Personen):
  ca. 315 kcal

1 Die Kräuter waschen, trocken schütteln und ein paar Thymianzweige für die Sauce beiseitelegen. Von den übrigen Kräuterzweigen die Blättchen abzupfen und fein hacken – es sollten jeweils ca. 1 1/2 EL Majoran und Rosmarin sein und 2 EL Thymian (eventuell das Grün der Fenchelknolle ebenfalls fein hacken). Die Zitrone heiß waschen, abtrocknen und die Schale fein abreiben. Den Knoblauch schälen, 2 Zehen durch die Presse drücken und mit 2 EL Öl, dem Senf, gehackten Kräutern (eventuell dem Fenchelgrün) und der Zitronenschale verrühren. Die Fenchelsamen grob hacken, die Hälfte unter die Kräuterpaste rühren, leicht salzen und pfeffern.

2 Das Fleisch trocken tupfen und flach auslegen. Die Kräuterpaste gleich-mäßig auf dem Fleisch verstreichen, dann das Fleisch straff aufrollen und mit Küchengarn fest zu einem Rollbraten verschnüren. Den Braten rund-herum mit Salz und Pfeffer einreiben. Die Zwiebel und die Möhre schälen, den Fenchel waschen und putzen. Alles getrennt in kleine Würfelchen schneiden. Übrigen Knoblauch in dünne Scheiben schneiden.

3 In einem Bräter übriges Öl erhitzen und darin den Braten rundherum bei starker Hitze anbraten, dann herausnehmen. Im Bratfett die Zwiebel ca. 1 Min. andünsten. Möhre, Fenchel, Knoblauch und restliche Fenchel-samen dazugeben und 2–3 Min. mitbraten. Tomatenmark unterrühren, salzen und pfeffern und kurz mitrösten. Mit der Hälfte des Wermuts ab-löschen und die Flüssigkeit einkochen lassen, dann den Rest dazugießen und unter Rühren einkochen lassen. Wein und Fond angießen, die beiseite-gelegten Thymianzweige dazugeben und alles kurz aufkochen lassen. Die Hitze reduzieren und das Fleisch einlegen. Bei mittlerer Hitze in ca. 1 Std. 10 Min. zugedeckt weich garen, dabei den Braten ab und zu wenden.

4 Nach Garzeitende den Rollbraten aus der Sauce heben und in Alufolie schlagen. Die Sauce durch ein feines Sieb in einen Topf gießen (dabei das Gemüse auffangen). Sauce bei starker Hitze offen ca. 5 Min. unter Rühren einkochen lassen. 4–5 EL vom gekochten Gemüse hineingeben und heiß werden lassen, dann die Sauce mit dem Pürierstab fein pürieren und mit Salz und Pfeffer (und eventuell noch 1–2 EL Vermouth) abschmecken. Den Braten vom Küchengarn befreien, aufschneiden und mit Sauce servieren.

Mangoldpastete mit Schafkäse

ZUTATEN für 1 Springform (26 cm Ø), 12 Stück:

800 g Mangold
2 große Zwiebeln
2 Knoblauchzehen
3 EL Olivenöl
Salz | Pfeffer
1 TL gekörnte Gemüsebrühe
3 EL Zitronensaft
4 EL Butter
400 g Yufkateig (3–4 runde Blätter, gibt es im türkischen Lebensmittelladen)
1/2 Bund Thymian
1/3 Bund Petersilie
6 Stängel Minze
3 Stängel Dill
150 g Schafkäse (Feta)
250 g Ricotta
2 Eier (M)
frisch geriebene Muskatnuss
1/2 TL edelsüßes Paprikapulver

ZUBEREITUNGSZEIT: 40 Min.
BACKZEIT: 30–35 Min.
RUHEZEIT: 5–10 Min.
PRO STÜCK: ca. 270 kcal

1 Den Strunk vom Mangold wegschneiden, dann die einzelnen Blätter waschen und gut trocken schütteln. Die weißen Stängel quer in ca. 5 mm breite Streifen, die grünen Blätter in 2 cm breite Streifen schneiden. Die Zwiebeln und den Knoblauch schälen und fein würfeln.

2 Die Hälfte des Öls in einer beschichteten Pfanne erhitzen. Darin die Hälfte der Zwiebeln und des Knoblauchs andünsten. Mangoldstiele dazugeben und anbraten. Salzen und pfeffern, die gekörnte Brühe und 3–5 EL Wasser unterrühren und die Stiele unter Rühren 5–7 Min. bei mittlerer Hitze garen und so viel Flüssigkeit wie möglich einkochen lassen. Mit der Hälfte des Zitronensafts ablöschen und diesen einkochen lassen, dann die Mangoldstiele aus der Pfanne nehmen.

3 Übriges Öl in der Pfanne erhitzen, darin übrige Zwiebel und restlichen Knoblauch andünsten. Mangoldblätter dazugeben, salzen, pfeffern und unter Rühren bei starker Hitze 3 Min. andünsten, herausnehmen.

4 Den Backofen auf 180° vorheizen. Butter schmelzen, die Springform mit etwas Butter auspinseln. Die Teigblätter aus der Packung nehmen, auf einem Geschirrtuch auslegen und mit gut zwei Dritteln der restlichen Butter bepinseln. Die Blätter so in der Form nebeneinander überlappend anordnen, dass sie den Boden vollständig bedecken und auch noch gut über die Hälfte der Form hinaushängen.

5 Die Kräuter waschen und trocken schütteln, Blättchen von den Stängeln zupfen und grob hacken. Den Schafkäse in kleine Würfel schneiden. Den Ricotta mit Eiern und Kräutern verrühren. Den Schafkäse und die leicht abgekühlten Mangoldstiele und -blätter unterheben, mit Salz, Pfeffer, Muskat und Paprikapulver würzen. Die Masse in die Form geben, überhängende Teigenden locker darüber zusammenschlagen und mit der übrigen Butter bepinseln. Im Ofen (Mitte, Umluft 160°) in 30–35 Min. goldbraun und knusprig backen. Die Mangoldpastete vor dem Anschneiden unbedingt noch 5–10 Min. ruhen lassen.

Eingelegte Salzzitronen

ZUTATEN für 6 Stück:
6 möglichst kleine, dünnschalige
  Bio-Zitronen
180 g grobes Meersalz

ZUBEREITUNGSZEIT: 20 Min.
RUHEZEIT: 5 Wochen + 1 Nacht
PRO STÜCK: ca. 0 kcal

1 Die Zitronen heiß waschen und über Nacht in einer Schüssel mit Wasser stehen lassen. Am nächsten Tag abtrocknen und jede Zitrone an den beiden Enden kreuzweise so tief einschneiden, dass sie nicht durchgeschnitten sind und noch gut zusammenhalten. In allen Schnitten jeweils knapp 1 TL Salz verteilen. Die Zitronen in ein sauberes großes, verschließbares Glas füllen.

2 Das übrige Salz mit 1 l Wasser in einem Topf aufkochen. Unter Rühren kochen lassen, bis sich das Salz völlig aufgelöst hat. Dann das Salzwasser kochend heiß über die Zitronen gießen – die Zitronen müssen vollständig damit bedeckt sein. Glas verschließen und mindestens 1 Woche an einem kühlen, dunklen Ort stehen lassen. Dabei das Glas ein- bis zweimal täglich leicht schütteln, sodass die Zitronen von allen Seiten immer gut benetzt sind. Dann weitere 4 Wochen durchziehen lassen. Haltbarkeit: ca. 4 Monate.

Die etwas andere Würze: Von den Zitronen verwendet man im Regelfall nur die Schale (siehe Seite 83 und 131). In der nordafrikanischen Küche nimmt man sie auch gerne für Tajine-Gerichte speziell mit Fisch und Huhn.

Limoncello – italienischer Zitronenlikör

ZUTATEN für 2 Flaschen
  (je ca. 800 ml Inhalt):
8 Bio-Zitronen
1/2 l Wodka oder Korn
300 ml reiner Alkohol
  (70 % oder 96 %, aus
  der Apotheke)
850 g Zucker

ZUBEREITUNGSZEIT: 25 Min.
RUHEZEIT: 1 Woche
PRO FLASCHE: ca. 2810 kcal

1 Zitronen heiß waschen, abtrocknen und die Schale mit einem Messer oder Sparschäler ganz dünn abschälen, sodass die weiße bittere Haut nicht mit abgeschnitten wird. Zitronenschale eventuell noch in Stücke schneiden, dann mit dem Wodka oder Korn und dem Alkohol in eine große bauchige Flasche geben. Die Flasche verschließen und den Ansatz ca. 1 Woche an einem warmen Ort durchziehen lassen, dabei gelegentlich leicht schütteln.

2 Nach 1 Woche: Zucker mit 1 l Wasser in einem Topf unter Rühren zum Kochen bringen, dann bei geringer Hitze ca. 10 Min. offen leicht kochen lassen. Inzwischen Alkoholansatz mit den Schalen durch ein Sieb gießen und die Flüssigkeit auffangen. Alkoholansatz in die heiße Zuckerlösung gießen, gut verrühren, abkühlen lassen, dann in saubere Flaschen abfüllen, verschließen. Den Zitronenlikör kühl und dunkel aufbewahren oder gleich im Kühlschrank lagern – eisgekühlt schmeckt er am allerbesten! Haltbarkeit: einige Monate.

Einfache Zitronentarte

1 Für den Teig Mehl und Salz in einer Schüssel mischen. Die Butter in Flöckchen daraufgeben, Zucker darüberstreuen und das Ei mit dem Wein dazugeben. Alles in der Schüssel mit einem Messer zerhacken, dann mit den Händen erst rasch zu feinen Bröseln reiben, anschließend zu einem geschmeidigen Teig kneten. Teig zu einer Kugel formen, in Frischhaltefolie wickeln und 30 Min. im Kühlschrank ruhen lassen.

2 Den Backofen auf 200° (Umluft 180°) vorheizen. Eine Tarteform (eine Springform geht auch) mit Butter einfetten. Den Teig auf einer mit Mehl bestäubten Arbeitsfläche dünn ausrollen und die Form damit auslegen, dabei einen Rand hochziehen. Den Teigboden mit einer Gabel mehrmals einstechen und mit Backpapier auslegen, Hülsenfrüchte darauf verteilen. Form in den Ofen (unten) schieben, den Teigboden 15 Min. vorbacken.

3 Inzwischen für den Belag die Zitronen heiß waschen und abtrocknen, die Schale fein abreiben und den Saft auspressen. Die Eier und den Zucker mit dem Schneebesen gründlich verrühren, aber auf keinen Fall schaumig schlagen. Die Vanilleschote mit einem Messer längs aufschlitzen und das Mark herauskratzen. Vanillemark, Zitronensaft und -schale mit der Crème fraîche unter die Eiermasse rühren.

4 Vorgebackenen Teig aus dem Ofen nehmen, die Temperatur auf 150° (Umluft 140°) reduzieren. Das Backpapier samt den Hülsenfrüchten abnehmen. Die Zitronencreme auf den Teigboden gießen und die Tarte dann in weiteren 30–35 Min. fertig backen, gegen Ende eventuell mit Backpapier abdecken. Herausnehmen und abkühlen lassen.

ZUTATEN für 1 Tarteform
(26 cm Ø), 16 Stück:

Für den Teig:
220 g Mehl | 1 Prise Salz
125 g kalte Butter
60 g Zucker | 1 Ei (M)
2–3 EL Weißwein (ersatz-
weise Wasser)
Butter für die Form
Mehl zum Arbeiten
Hülsenfrüchte zum Blind-
backen

Für den Belag:
2 Bio-Zitronen | 4 Eier (M)
180 g Zucker | 1 Vanilleschote
150 g Crème fraîche

ZUBEREITUNGSZEIT: 30 Min.
BACKZEIT: 30–35 Min
KÜHLZEIT: 30 Min.
PRO STÜCK: ca. 235 kcal

NICHT NUR FÜRS AUGE – *Sirupzitronen zum Belegen*
Dazu 2 kleine Bio-Zitronen heiß waschen und in ganz dünne Scheiben schneiden (Kerne möglichst herausdrücken). 100 g Zucker mit 120 ml Wasser unter Rühren aufkochen und die Zitronenscheiben darin 5 Min. leicht sprudelnd mitkochen lassen. Mit einer Gabel herausfischen, auf einem Teller abkühlen lassen und nach Wunsch auf der Tarte verteilen.

Rezepte – Ferienlaune

Olivenöl-Schoko-Kuchen mit Portweinpflaumen

ZUTATEN für 1 Springform (28 cm Ø), 16 Stück:

Für die Pflaumen:
500 g rote Pflaumen
1 kleiner Zweig Rosmarin
3 EL Zucker
1/4 l Portwein
1 TL Vanillepuddingpulver (zum Kochen)
1 Zimtstange

Für den Kuchen:
200 g Edelbitterschokolade (70 % Kakao)
100 g kandierte Orangen
100 g Butter
100 ml Olivenöl
6 Eier (M)
200 g Zucker
Butter für die Form
Puderzucker zum Bestäuben (nach Belieben)

ZUBEREITUNGSZEIT: 40 Min.
BACKZEIT: 20–25 Min.
ABKÜHLZEIT: 10–15 Min.
PRO STÜCK: ca. 300 kcal

1 Für die Portweinpflaumen die Pflaumen waschen, achteln und von den Steinen befreien. Den Rosmarin waschen und trocken schütteln, Blättchen vom Zweig zupfen und fein hacken. Den Zucker in einem Topf schmelzen und leicht karamellisieren lassen. Den Portwein dazugießen und 3–5 Min. bei mittlerer Hitze kochen, bis sich der Zucker gelöst hat. Puddingpulver mit 2 EL kaltem Wasser anrühren. Pflaumen, Zimtstange und Rosmarin zum Portwein geben, das angerührte Puddingpulver unterrühren und alles ca. 5 Min. bei geringer Hitze köcheln lassen. Abkühlen lassen.

2 Inzwischen den Backofen auf 175° (Umluft 160°) vorheizen, die Springform einfetten. Für den Kuchen die Schokolade grob hacken und in eine Schüssel geben, über einem heißen Wasserbad langsam schmelzen lassen, dabei gelegentlich umrühren. Zwischendurch die Orangen ganz fein hacken. Sobald die Schokolade geschmolzen ist, die Butter stückchenweise mit dem Schneebesen unterrühren und schmelzen lassen. Dann das Öl in einem Zug dazugießen und unterrühren. Vom Herd nehmen, leicht abkühlen lassen.

3 Die Eier mit dem Zucker nur leicht verrühren (nicht schaumig schlagen!). Mit den Orangenstückchen zur Schokoladenmasse geben und gut unterrühren. Teig in die Form füllen und im Ofen (Mitte) 20–25 Min. backen – der Kuchen sollte in der Mitte noch gut feucht sein. Den Kuchen aus dem Ofen nehmen und 10–15 Min. abkühlen lassen, dann aus der Form lösen, eventuell mit etwas Puderzucker bestäuben und am besten noch lauwarm in Stücke schneiden. Mit dem Pflaumenkompott servieren.

Register

245

Fürs Büfett

Impressum

DIE AUTORIN

Die Kindheit unter badischer Sonne, der Garten rund ums Elternhaus und die intensive Beschäftigung mit der mediterranen Küche auf ausgedehnten Reisen durch Frankreich und Italien – all das prägte **Tanja Dusy**, seit 2001 Kochbuchredakteurin und Autorin bei GRÄFE UND UNZER. So liebt sie bis heute eine frische, leichte Küche, die auch mal heimische Kräuter mit fremden Aromen verbindet. Die Ergebnisse dieser kulinarischen Experimente genießt sie am allerliebsten mit Freunden und, wann immer nur möglich, unter freiem Himmel. Aus ihrer Feder stammen bereits zahlreiche, teilweise mit Preisen ausgezeichnete Bücher, wie „Für die Sinne – Indien", „Indien Basics" oder „Was koche ich, wenn?"

DER FOTOGRAF

Klaus-Maria Einwanger setzt in seiner food art factory vor allem im Süden von München und in London Foodthemen mal stylisch, mal emotional um und schafft eine Atmosphäre, die Lust auf mehr macht. Für unsere Sommerküche fotografierte er im wunderschönen Voralpenland in Bauerngärten, an Seen, bei Freunden und in seinem eigenen Kräutergarten. Das Foodstyling zeichnet sich durch die Handschrift von Monika Schuster und Anka Köhler aus. Rund um Ausstattung, Styling und Requisite bewies Alexandra Holzer ihren Ideenreichtum. Als Models hatten viele Bekannte und Nachbarskinder ihren Spaß beim sonnigen Shooting im Freien.

Projektleitung: Sigrid Burghard
Lektorat, Gestaltung, Satz/DTP: Redaktionsbüro Christina Kempe, München
Umschlag und Gestaltung: independent Medien-Design, Horst Moser, München
Herstellung: Susanne Mühldorfer
Korrektorat: Petra Bachmann
Repro: Longo AG, Bozen
Druck und Bindung: Firmengruppe APPL, Wemding

Bildnachweis: Alle Fotos Klaus-Maria Einwanger, Rosenheim
Syndication: www.jalag-syndication.de

© 2010 GRÄFE UND UNZER VERLAG GmbH, München.

ISBN 978-3-8338-1924-7
1. Auflage 2010

GRÄFE UND UNZER

Ein Unternehmen der
GANSKE VERLAGSGRUPPE